K-POP・アイドル好きのための

すぐわかる

はじめての 韓国語

著

ソンホ

監修

韓 興鉄

KADOKAWA

はじめに

　大好きな韓国のアイドルが話す言葉やドラマの会話、歌の歌詞を理解したいと、韓国語を学ぶぞ！と決心しても、なかなか思うように勉強が進まない人も多いかもしれません。

　じつは、僕自身もそうでした。僕の父は韓国人で、子どもの頃は10年ほど韓国に住んでいましたが、日本に来てからは韓国語からだんだん離れてしまいました。勉強は大変そうだし、日本で暮らすのだからいいや！と開き直っていたのです。ところが、大好きなK-POPのアイドルが話す言葉がわからないのをもどかしく感じるようになり…。さらにあるとき、韓国語を話す父との意思の疎通が難しくなっていることに気がつき、ショックを受けました。

　そこから僕は、本気で韓国語の勉強を始めました。テキストを何冊も買って勉強したり、推しのアイドルのV LIVEを見てリスニング練習をしたり…。なかなか上達せず、挫折しそうになったこともありますが、大好きな人が話す言葉を理解したい一心で、韓国語が話せるように。

　勉強をする中で、発音はこう覚えたほうが実際の発音に近いとか、文法は応用より基本を確実に身につけることが大事だとか、もっと効率のよい勉強法があるという思いを強くしました。そして今、インスタグラムなどを通じ、「推しの話す韓国語を理解したい！」など、大好きな人の話す言葉を勉強したい人に向けて、韓国語の勉強法を発信しています。

　この本では、ハングルの読み方から、SNSでは体系的に学ぶことの難しい文法まで、わかりやすくまとめました。まずは基本を身につけることが何より大切だと思っているので、基本の部分をとにかくシンプルに、丁寧に。そして、さらに深く理解するためのきっかけとなるよう、応用編となる表現は、終わりの方にまとめています。

　この本を手にとってくださった方が、大好きなアイドルや歌手、ドラマなどの言葉を、少しでも多く理解できるようになったり、韓国語の勉強を楽しいと感じたりしていただけたら、幸せです。

ソンホ

성호

本書の使い方

POINT 1

文法を身につける工夫がもりだくさん

習った文法をどんな風に使えばいいのかが書かれているので単なる暗記で終わらず、実際に使う場面を想像しながら学習できます。

新しく出てきた単語や併せて覚えたい単語をまとめた＋α単語。語彙を増やしたいときはここを復習すれば◎

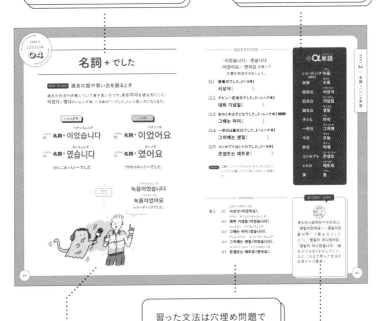

K-POPのあるあるシーンで文法を覚えられるのでモチベーション維持に役立ちます。

習った文法は穴埋め問題ですぐに復習！「覚える→考える→書く→確認する」のサイクルで定着を図ります。

もっと学びたい人におすすめの「STEP UP!」コーナー。習った文法に関連した知識や韓国文化の解説、勉強の仕方などがわかります。

POINT 2

ドリルでしっかりと定着

最後の章は今まで出てきた文法を使った文章問題。自分が習ったことが実際の会話で使われることで使用シーンがリアルに想像できます。

文法をまとめて復習できる問題ドリル。習った知識を取捨選択しながら答えていくので知識がきちんと身についたか確認できます。

POINT 3

おまけページも便利に楽しく！

＋α単語などで出てきた単語をまとめた索引付き。

章の終わりには補足知識や韓国カルチャーについてのコラムページも。

PART 01 韓国語の基本

ハングルが読める、発音がわかる！

PART 02 名詞＋○○の文法

PART 03 動詞・形容詞の基本文法

気持ちを伝える表現

PART 04

PART 05 動詞・形容詞の応用文法

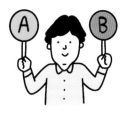

PART 06 文章問題

STAFF

デザイン：soda design
カバーイラスト：millitsuka
本文イラスト：ナルオテッペイ
校正：（株）文字工房燦光
DTP：（株）三光デジプロ
編集協力：井汲千絵

韓国語の基本

ハングルが読める、発音がわかる！

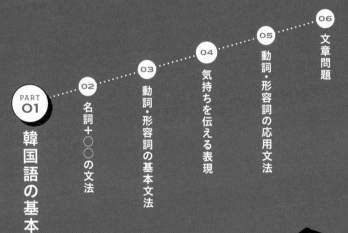

ソンホ流

韓国語学習の ロードマップ

韓国語の"基礎の基礎"を順を追って丁寧に学びます。いきなり応用表現を学んでも暗記するだけになりがちですが、基礎がしっかりしていれば、会話や長文の中で知らない表現が出てきても、理解がスムーズに。

PART 01 ハングルを読む

- ハングルの仕組みを覚える
- 母音、子音の種類を覚える
- 発音のルールを知る

memo
すべて一気に暗記しようとすると挫折しがち。まずはハングルを読めるようになることを目標に。

PART 02 簡単な一文を作る

- 「名詞＋○○」の文法を覚える
- 基本単語を覚える
- 簡単な一文を作る

memo
活用によってあまり変化しない文法を覚えて、まずは一文を作る練習を重ねましょう。簡単な自己紹介などもできるように。

PART 03 相手に伝える

- 動詞の基本活用を覚える
- 時制の文法を覚える
- 動詞の語彙を増やす

memo
ややこしい動詞の活用はまずは基本活用から。自分の状況を相手に伝えられるようになります。副詞や疑問詞で表現の幅も広がるように。

PART 04 感情を表現する

- シーン別の表現を覚える
- 自分の感情を表現する
- 一文を書く練習を増やす

memo
「〜したいです」「〜できないです」など、表現できることが一気に増えていきます。このあたりから推しに気持ちを伝えられるように。

PART 05 日常表現が分かる

- 変則活用と例外を覚える
- 似た表現の使い分けを知る

memo
基礎が身についたところで動詞の変則活用を覚えていきましょう。ここをマスターすれば初級の日常表現がわかるようになっていきます。

PART 06 長文に慣れる

- 長文問題に挑戦する
- 長文で出てくる
  ＋αの表現を覚える

memo
今までの知識を総動員させて文章問題にトライ。接続詞やあいさつなど会話によく出てくる表現も一緒に覚えましょう。

韓国語ってどんな言語?

韓国語は、じつは日本人にとって親しみやすい外国語です。繰り返し読んだり聞いたりするうちに、日本語とそっくり!と感じることもあるはず。その気になれば確実に身につけることができます。

日本語と文の構成がほとんど同じ

たとえば、「私は韓国語を勉強します」と言いたいとき、英語の場合は「study」(勉強する)という動詞が前に、「Korean」(韓国語)という目的語が後ろにくるなど、語順が変化。ところが、韓国語の場合は日本語と全く同じ語順であるだけでなく、「는」(は)、「를」(を)などの助詞の使い方も似ています。つまり、日本語で考えたことをほぼそのまま韓国語に置き換えることができるから、とてもわかりやすいのです。英語のように文法を理解するのに時間がかからないので、単語を覚えれば、どんどん韓国語がわかるようになります。

| 日本語 | **私は韓国語を勉強します。** |

| 英語 | **I　study　Korean.** |
| | 私　勉強する　　韓国語 |

韓国語	チョヌン　　ハングゴルル　　コンブハムニダ
	저는　　한국어를　　공부합니다.
	私は　　　韓国語を　　　勉強します

文節ごとにスペースを入れる

日本語の場合はひらがな、漢字、カタカナなどがあり、単語と単語の間にスペースを入れずに書いても意味がわかりますが、韓国語の場合はすべて固有の文字(=ハングル)で表記されるため、最小限の文節や単語の間にスペースを入れます。これを「띄어쓰기」(分かち書き)と言います。また、句読点は「.」(ピリオド)や「,」(カンマ)を使います。

日本語と似ている単語が多い

韓国語と日本語はもともと同じ漢字由来の言葉が多く、発音も似ている単語がたくさんあります。K-POPの歌詞や韓国ドラマのセリフなどにも、日本語と似ている言葉がよく登場するので、注意深く聞いてみて。似ているものから覚えれば、知っている単語が増えて韓国語の勉強が楽しくなるはず！

例

	カジョク		カグ		カバン
家族	가족	家具	가구	カバン	가방

	ヤクソク		トソグァン
約束	약속	図書館	도서관

漢字由来の韓国語の単語を漢字語と呼びます。
日本語の場合は1つの漢字に対して音読みと訓読みなど、複数の読み方があるのに対して、韓国語の漢字の読み方は、基本的に1つ。漢字の読み方を覚えると、そこから派生して語彙力が飛躍的に増えます。漢字を知っていることは、韓国語を学ぶ上で大きな強みになるのです。

例

	フェサ		サフェ
会社	회사	社会	사회

	フェシク		シクタン
会食	회식	食堂	식당

	インッキ		キブン
人気	인기	気分	기분

「この漢字はこの読み方」
って覚えると便利そう！

ハングルの仕組み

ハングルとは、韓国語を表記する固有の文字。見慣れないため最初はとっつきにくく感じますが、発音記号の組み合わせで成り立っていて、仕組みさえ知ればとても合理的で覚えやすい文字です。

母音と子音を組み合わせて構成

ハングルには子音と母音があり、それらを組み合わせて1つの文字になります。たとえば、ハングルの「나」は、「N」の発音を表す「ㄴ」と、「A」の発音を表す「ㅏ」の組み合わせで、「NA」という発音に。つまり、文字の構成を見れば発音がわかる仕組みです。

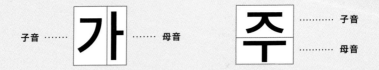

例　ㄴ+ㅏ=나　　ㄴ+ㅣ=니
　　N+A=NA　　　N+I=NI

母音と子音の組み合わせは、左が子音で右が母音という組み合わせと、上が子音で下が母音という組み合わせがあります。

子音 ……… **가** ……… 母音　　　　**주** ……… 子音
　　　　　　　　　　　　　　　　　　　　　　　……… 母音

ハングルは、10個の基本母音と11個の合成母音、19個の子音があり、それらを組み合わせることによって表記します。
日本語が、ひらがなの50音、カタカナの50音すべて1つずつ覚えなければいけないことに比べたら、ずっとラク！
まずはひと通り覚え、たくさんの単語や文例に触れることで慣れていきましょう！

「パッチム」と呼ばれる子音がある

ハングルは、子音＋母音の組み合わせのほかに、子音＋母音＋子音の組み合わせを1文字で表記することがあります。この、最後の子音をパッチムといい、左右または上下の母音と子音の組み合わせの下に表記します。日本語にはない概念なので、最初はちょっと難しく感じるかもしれません。

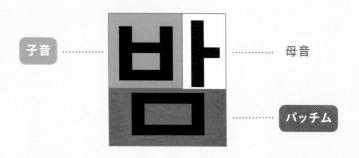

子音 ………… 밤 ………… 母音

パッチム

例　ㄱ+ㅣ+ㅁ=김 (のり)　　ㅂ+ㅜ+ㄴ=분 (分)

K+I+M=KIM　　　　　　P+U+N=PUN

パッチムがつく文字の最後の発音は子音で終わります。英語の「cook」「slim」のように最後が子音で終わる単語と同じように考えるとわかりやすいでしょう。

パズルみたいに
組み合わせて一文字を
作るんだね！

子音

まずはハングルの子音（19個）を覚えましょう。一般的には「あかさたな」のように決められた順番がありますが、ここでは形と発音が似ているものをまとめ、覚えやすい順番で紹介します。

基本子音

14個の基本的な子音*を、覚えやすく形が似ているものごとにまとめました。形が似ているものは口の形や舌の動かし方など、発音も似ています。次の表の中では画数が少ないものが上、多いものが下で、上から下に行くほど、息の吐き方も強くなります。

例で挙げているのは子音に母音の ｝ (A/ア)をつけた音。練習するときは、この母音をつけた音で覚えるとよいでしょう。

*一般的には、息の吐き方の強弱によって平音9個と激音5個に分類。ここではそれらをひとまとめに考えています。

子音	発音	例	発音のコツ
ㄱ	k/g	カ 가	のどから息を吐きます。「ㄱ」は日本語の「カ」行と濁音の「ガ」行の間ぐらい。語中では濁って「ガ」行により近くなります。「ㅋ」はより息を強く吐き、はっきりと濁らない発音になります。
ㅋ	kʰ	カ 카	
ㄷ	t/d	タ 다	歯の後ろに舌をつけてから息を吐きます。「ㄷ」は日本語の「タ」行と濁音の「ダ」行の間ぐらい。語中では濁って「ダ」行により近くなります。「ㅌ」はより息を強く吐き、はっきりと濁らない発音になります。
ㅌ	tʰ	タ 타	
ㅅ	s	サ 사	歯と歯の間から息を抜く発音です。「ㅅ」は日本語の「サ」行。「ㅈ」は「チャ」行と「ジャ」行の間ぐらい。「ㅈ」は語中では濁って「ジャ」行により近くなります。「ㅊ」はより息を強く吐き、「チャ」とはっきりと濁らない発音になります。
ㅈ	tʃ/dʒ	チャ 자	
ㅊ	tʃʰ	チャ 차	

子音	発音	例	発音のコツ
ㅇ	無音	아 ア	「ㅇ」は無音で、次につく母音をそのまま発音。「ㅎ」は日本語の「ハ」行で、息を強く吐いてはっきりと発音します。
ㅎ	h	하 ハ	
ㄴ	n	나 ナ	上顎につく舌の位置に着目します。「ㄴ」は日本語の「ナ」行。「ㄹ」は舌を引っ込めてから最後に上顎に舌をつけて発音。日本語の「ラ」行に近い発音です。
ㄹ	l	라 ラ	
ㅁ	m	마 マ	唇を一度は閉じる発音で、離れる時に吐く息の強さが違います。「ㅁ」は日本語の「マ」行。「ㅂ」は「バ」行と「パ」行の間ぐらい。語中では濁って「バ」行により近くなります。「ㅍ」は息をより強く吐き、濁らずはっきりと発音します。
ㅂ	p/b	바 バ	
ㅍ	pʰ	파 パ	

COLUMN 第一関門の子音は
語呂合わせで覚えても◎

「ㅅはさくらんぼの形」など、子音の形と発音をイメージしながら語呂合わせで覚えるのもおすすめ。

※複数の発音がある子音は語呂合わせしやすい発音に合わせています。

 ㄱは gの発音
 ㄴは nの発音
 ㄷは dの発音
 ㄹは lの発音
 ㅁは mの発音
 ㅂは bの発音
 ㅅは sの発音

 Gの角の形
 ベッドの形の「ㄴ」で寝る (neru)
 Dの左側の形
 漢字の「己」に似ている (onole)
 枕の形 (makura)
 バッファローの形 (buffalo)
 さくらんぼのヘタの形 (sakuranbo)

 ㅇは 無音
 ㅈは dʒの発音
 ㅊは tʃʰの発音
 ㅋは kの発音
 ㅌは tの発音
ㅍは pの発音
ㅎは hの発音

 ㅇは無音なので次につく母音をそのまま発音
 カタカナの「ス」に似ているのでジュース (juice)
 漢字の「大」に似ているので大地 (daichi)
 カタカナの「ヲ」に似ているので顔 (kao)
 ローマ字の「E」に似ているので「Eat」
 プリンの形 (pudding)
 ハットの形 (hat)

濃音

ㄱ(k)、ㄷ(t)、ㅂ(p)、ㅅ(s)、ㅈ(tʃ)の5つの子音をそれぞれ重ねて表記する濃音。日本語にはない発音で、硬音とも呼ばれます。それぞれの発音の前に小さな「ッ」をつけるようなつもりで、強く発音します。

子音	発音	例	発音のコツ
ㄲ	ˀk	까 ッカ	日本語の「真っ赤」の「っか」。
ㄸ	ˀt	따 ッタ	日本語の「バッタ」の「った」。
ㅃ	ˀp	빠 ッパ	日本語の「原っぱ」の「っぱ」。
ㅆ	ˀs	싸 ッサ	日本語の「喫茶」の「っさ」。
ㅉ	ˀtʃ	짜 ッチャ	日本語の「抹茶」の「っちゃ」。

COLUMN　語頭と語中で変わる発音

子音「ㄱ」などは語中では濁った発音に、語頭ではもう少しクリアな発音になると紹介しました。実は、韓国語のネイティブは特に意識しておらず、同じ発音をしているつもりでもこのような違いが出てきます。基本のルールを覚えたらぜひネイティブの発音を聞いてその微妙な発声の違いを感じとってみてください。

母音① 基本母音

ハングルの母音は、基本となる音が10個（基本母音）。縦の棒（｜）と横の棒（一）に、上下右左の短い手をくっつけたように表記し、縦の棒（｜）は子音の右側に、横の棒（一）は子音の下に書きます。

母音の発音は口の形で覚える

母音は、口の形を意識して日本語のフリガナの通りに発音すると、日本語にはない発音でも簡単に発音できるようになります。通常、母音だけを表すときは、子音がないことを表す無声子音「ㅇ」をつけて表記します。

母音	発音	例	発音のコツ
口を縦に開けて発音			
ㅏ	a	아 (ア)	口を縦に開けて「ア」「ヤ」と発音。日本語とほぼ同じ発音です。
ㅑ	ya	야 (ヤ)	
ㅓ	eo	어 (オ)	口を縦に開けて「オ」「ヨ」と発音。日本語にはない発音で、唇に力を入れずに発音します。
ㅕ	yeo	여 (ヨ)	
唇を前に突き出して発音			
ㅗ	o	오 (オ)	唇をすぼめ、前に突き出して「オ」「ヨ」と発音。日本語の「オ」「ヨ」に近い発音です。
ㅛ	yo	요 (ヨ)	
ㅜ	u	우 (ウ)	唇をすぼめ、前に突き出して「ウ」「ユ」と発音。日本語の「ウ」「ユ」に近い発音です。
ㅠ	yu	유 (ユ)	
唇を横に広げて発音			
ㅡ	eu	으 (ウ)	口を横に広げて「ウ」「イ」と発音。「ウ」は日本語の「イ」の口のまま「ウ」と発音するイメージ。「イ」は日本語に近い発音です。
ㅣ	i	이 (イ)	

母音②　合成母音

基本母音を組み合わせて作られる合成母音は、基本母音を2つ以上組み合わせて表記します。似た発音のものは、韓国人でも区別するのが難しいことも。

合成母音は基本母音の足し算

合成母音は全部で11種類あり、発音の仕方にはパターンがあります。右の表のように、基本母音を足し算したイメージで捉えるとわかりやすいかもしれません。

「陽」母音と「陰」母音

母音には「陽母音」と「陰母音」があります。縦と横の棒に、右側、または上側に手が生えているのが陽母音、左側、または下側に手が生えているのが陰母音です。下のイラストのように、「右上に太陽、左下に影」と覚えるとよいでしょう。合成母音は、陽母音と陰母音を組み合わせることは決してありません。また、のちに動詞や形容詞の活用を覚えるときに、陽母音、陰母音の概念を知っておくと便利です。

陽母音
（例）ㅏ ㅗ

陰母音
（例）ㅓ ㅜ

組み合わせ方	発音	例	発音のコツ
			口を縦に開けて発音
ㅏ + ㅣ = ㅐ	ae	_エ애	「ㅏ（ア）」を発音するときのように縦に大きく口を開けて、「エ」「イェ」と発音します。
ㅑ + ㅣ = ㅒ	yae	_{イェ}얘	
ㅓ + ㅣ = ㅔ	e	_エ에	「ㅓ（オ）」のように縦に口を開け、「エ」「イェ」と発音します。「ㅖ」は日本語の「エ」とほぼ同じ発音です。
ㅕ + ㅣ = ㅖ	ye	_{イェ}예	
			口を横に開けて発音
ㅗ + ㅏ = ㅘ	wa	_ワ와	唇をすぼめて「ㅗ（オ）」の発音をしてから、それぞれ「ㅏ（ア）」「ㅐ（エ）」の発音をすると「ㅘ（ワ）」「ㅙ（ウェ）」に。「ㅚ（ウェ）」は唇をすぼめてから横に広げるようにして発音。
ㅗ + ㅐ = ㅙ	we	_{ウェ}왜	
ㅗ + ㅣ = ㅚ	we	_{ウェ}외	
ㅜ + ㅓ = ㅝ	wo	_{ウォ}워	唇をすぼめて「ㅜ（ウ）」の発音をしてから「ㅓ（オ）」「ㅔ（エ）」「ㅣ（イ）」の発音をします。
ㅜ + ㅔ = ㅞ	we	_{ウェ}웨	
ㅜ + ㅣ = ㅟ	wi	_{ウィ}위	
― + ㅣ = ㅢ	ui	_{ウィ}의	口を横に広げ、「―（ウ）」「ㅣ（イ）」と素早く順番に発音します。※「의」は所有を表現する「〜の」として使用されるときのみ「エ」と発音します。

パッチム

韓国語では、左右または上下の母音と子音の組み合わせの下に、子音がくることがあります。この最後の子音をパッチムといいます。この本でパッチムのフリガナをふるときは、便宜上カタカナで小さく表記します。

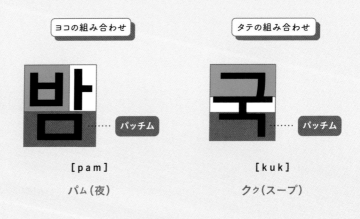

ヨコの組み合わせ	タテの組み合わせ
밤	국
[pam]	[kuk]
パム（夜）	クク（スープ）

パッチムの発音は子音で止める

パッチムは、韓国語の勉強をするときに日本人が難しく感じやすいポイントです。なぜなら、日本語の発音には必ず母音がつき、子音で止める発音がないから。パッチムの音を聞き取るのも発音するのも、最初は慣れないかもしれません。
英語を例にして考えると、「bat」という単語は子音で終わります。ネイティブの発音では「バッ」のように、最後の「t」の発音は消えかかりますが、日本人がそれを意識せずに発音すると、「バット/batto」と、どうしても母音をくっつけて発音しがちです。
韓国語でも、パッチムの音はできるだけ子音で止めるように意識すると、ネイティブの発音に近くなります。

パッチムの発音のパターン

パッチムはパッチム用の表記があるわけではなく、子音と母音の組み合わせの下に、子音がもう一つ入るだけ。読み方は通常の子音と違うものがあり、全部で7種類しかありません。

●3種類の「ン」

日本語で表記するとどれも「ン」になりますが、韓国語では明確に3種類を区別します。

パッチム	発音	例	意味	発音のコツ
ㄴ	n	문 ムン	門	前歯の後ろに舌をつけ、鼻から息を抜いて発音。「洗剤」と言うときの「ン」です。
ㅁ	m	밤 バム	夜	唇をくっつけたまま、鼻から息を抜いて発音。「本望」と言うときの「ン」です。
ㅇ	ng	방 バン	部屋	口を開き、喉の奥をしめて「ン」と発音。「損害」と言うときの「ン」です。

●その他の4種類の発音

パッチムには表記する子音は違っても、同じ発音をするものがあります。3つの「ン」以外の発音は全部で4種類です。

パッチム	発音	例	意味	発音のコツ
ㄱㅋ	k	<ruby>국<rt>クク</rt></ruby> (kuk)	スープ	子音の「ㄱ」の発音です。口を開いたまま、喉の奥をしめて「k」と発音。국の発音は、「クク」の最後の「ク」を言わずに息を止めるようにします。
ㄷㅌㅅㅆ ㅈㅊㅎ	t	<ruby>밑<rt>ミッ</rt></ruby> (mit)	下	子音の「ㄷ」の発音です。前歯の後ろに舌をつけて「t」と発音。밑の発音は、「ミッタ」の最後の「タ」を言わずに息を止めるようにします。
ㄹ	l	<ruby>발<rt>パル</rt></ruby> (pal)	足	子音の「ㄹ」の発音です。口を開けたまま舌を引っ込めてから最後に上顎に舌をつけて「l」と発音。발の発音は、「パル」の最後の「ル」まで言わずに上顎のところで舌を止めます。
ㅂㅍ	p	<ruby>밥<rt>パプ</rt></ruby> (pap)	ご飯	子音の「ㅂ」の発音です。「p」と発音するつもりで素早く唇を閉じます。밥の発音は「パプ」の「プ」を言わずに口を閉じて息を止めるようにします。

COLUMN 「ビビンパ」も「サムギョプサル」も
パッチムを知れば本格的な発音に！

　ビビンパやサムギョプサルは、日本でも大人気の韓国料理メニューです。じつはこれらをハングルで表記すると、비빔밥（ピビムパプ）、삼겹살（サムギョプサル）と、パッチムだらけ。韓国料理屋さんでパッチムの発音を子音で止めて伝えられたら、「おお！やるな」と思われること間違いなしです！

発音のルール

韓国語は、文字が置かれている位置や、後に続く文字によって読み方が変化することがあります。最初は難しくて複雑に感じますが、無理に暗記しようとせず、まずは知識として頭に入れましょう。

連音化

パッチムの次の文字が無声子音「ㅇ」のとき、パッチムの子音と次の母音をくっつけて読みます。これを「連音化」といいます。

単語	단어 [tan+eo]	＞ 発音	다너 [taneo]
韓国語	한국어 [han+kuk+eo]	＞ 発音	한구거 [hangugeo]

ただし、고양이（猫）、영어（英語）など、「ㅇ」が続くものは連音化せず、そのまま読みます。

有声音化

子音ㄱ(k)、ㄷ(t)、ㅂ(p)、ㅈ(tʃ)は、前に母音もしくはパッチムㄴ(n)、ㅁ(m)、ㄹ(l)、ㅇ(無音)が来ると、それぞれ濁って発音されることを有声音化といいます。

時間	시간 [shi+kan]	＞ 発音	[shigan]
日本	일본 [il+pon]	＞ 発音	[ilbon]

ㅎの弱化

パッチムㅎの次に母音が続くときパッチムㅎは発音されません。

好きだ **좋^{チョアハダ}아하다** [chot+a+ha+da] ＞ 発音 **조아하다** [choahada]

また、パッチムㄴ(n)、ㄹ(l)、ㅁ(m)、ㅇ(無音)の次に子音 ㅎ(h) が続くとㅎ
はほとんど発音されません。

上手だ **잘^{チャラダ}하다** [chal+ha+da] ＞ 発音 **자라다** [chalada]

激音化

パッチムㄱ(k)、ㄷ(t)、ㅂ(p)、ㅈ(tʃ)の次に子音ㅎ(h)が続くとき、それぞれ
ㅋ(kʰ)、ㅌ(tʰ)、ㅍ(pʰ)、ㅊ(tʃʰ)になります。また、パッチムㅎの次に子音ㄱ
(k)、ㄷ(t)、ㅈ(tʃ)が続くとそれぞれㅋ(kʰ)、ㅌ(tʰ)、ㅊ(tʃʰ)になります。これ
らを激音化といいます。

急だ **급^{クパダ}하다** [keup+ha+da] ＞ 発音 **그파다** [keupʰada]

よい **좋^{チョタ}다** [chot+ta] ＞ 発音 **조타** [chotʰa]

濃音化

パッチムㄱ(k)、ㄷ(t)、ㅂ(p)の次に子音ㄱ(k)、ㄷ(t)、ㅅ(s)、ㅈ(tʃ)、
ㅂ(p)が続くとき、それぞれㄲ(ʔk)、ㄸ(ʔt)、ㅆ(ʔs)、ㅉ(ʔtʃ)、ㅃ(ʔp)になること
を濃音化といいます。

> memo 濃音化される子音は「重ねて表記(＝濃音)できるもの」と覚えると便利です。

食堂 **식^{シクタン}당** [shik+tang] ＞ 発音 **식땅** [shikʔtang]

クッパ **국^{ククパプ}밥** [kuk+pap] ＞ 発音 **국빱** [kukʔpap]

28

鼻音化

パッチム ㄱ(k)、ㄷ(t)、ㅂ(p)の次に子音 ㄴ(n)、ㅁ(m)が続くとき、それぞれ
ㅇ(無音)、ㄴ(n)、ㅁ(m)になることを鼻音化といいます。

昨年　**작년** [chak＋nyeon] ＞ 発音 **장년** [changnyeon]
チャンニョン

します　**합니다** [hap＋ni＋da] ＞ 発音 **합니다** [hamnida]
ハムニダ

COLUMN　発音のルールは
実際に声に出すと覚えやすい！

複雑に見える発音のルールですが、あくまでも人間の発声のしや
すさに合わせたものなので、実際に発声したほうが覚えやすいと僕
は思います。

●激音化

例えば、激音化では ㅎ(h)は強く息が入る子音なので、ㄱ(k)、ㄷ
(t)、ㅂ(p)、ㅈ(tʃ)それぞれのパッチムのあとに「ッハ」を小さく入れ
る意識で発音してみると変化がわかりやすいのではないでしょうか。

●濃音化

濃音化では、ㄱ(k)、ㄷ(t)、ㅂ(p)はそれぞれ喉、顎裏、唇を閉じて
発音しています。そのあとに子音 ㄱ(k)、ㄷ(t)、ㅅ(s)、ㅈ(tʃ)、ㅂ
(p)を発音しようとすると、息が強く吐き出されるので結果的に濃
音のような強い発音になります。

二重パッチム

韓国語には、子音と母音の組み合わせの下に、子音が2つくることがあります。つまり、パッチムが2つ。これを二重パッチムといいます。二重パッチムの組み合わせは「ㄺ ㄻ ㄿ ㄼ ㄳ ㄵ ㄶ ㄽ ㄾ ㅄ ㄰」の11個です。

子音 ········ 母音

パッチム左 ········ パッチム右

左右どちらかのパッチムを発音する

二重パッチムは全部で11種類あり、次に「ㅇ」が続くとき以外は左右どちらかだけを発音します。読み方には覚えやすいルールがあるので、それで覚えてみましょう。

POINT 1 数字っぽく見える二重パッチムは右だけ読む！

ㄺ ㄻ ㄿ → 遠目で見ると…27 20 2Ⅱ（ローマ数字の2）に

例 鶏　　닭 ＞ 発音 닥 [tak]
_{タク}

若い　젊다 ＞ 発音 점따 [cheomtta]
_{チョムタ}

読む　읽다 ＞ 発音 익따 [iktta]
_{イクタ}

POINT 2 それ以外は左だけ読む！　ㄳ ㄵ ㄶ ㅀ ㄽ ㅄ ㄺ ㄿ

例 価格、価値　^{カプ}값　＞　**発音** 갑 [kap]

多い　^{マンタ}많다　＞　**発音** 만타 [mantʰa]

ない、
いない　^{オプタ}없다　＞　**発音** 업따 [optta]

例外 밟다は右の ㅂ だけ読む

踏む　^{パプタ}밟다　＞　**発音** 밥따 [paptta]

連音化するときは、2つの子音を両方読む

二重パッチムの次の文字が無声子音「ㅇ」になって連音化（P.27）するとき、左のパッチムをそのまま子音として読み、右のパッチムを次の母音とくっつけて読みます。

例 若い男　^{チョルムン ナムジャ}젊은 남자　＞　**発音** 절믄 남자 [cheolmeun namja]

ありません　^{オプソヨ}없어요　＞　**発音** 업써요 [opsseoyo]

復習問題 1

わからなかったら
ページをチェック！

?

Q1 次のカタカナの発音になるハングルを選びましょう。 P18

1 ナ　[바　가　라　나]

2 マ　[사　마　다　자]

3 ジャ　[자　카　아　파]

Q2 次のカタカナの発音になるハングルを選びましょう。 P21

1 ア　[이　어　아　우]

2 ヤ　[으　오　어　야]

3 ユ　[여　요　유　야]

4 イ　[우　오　이　으]

Q3 正しい組み合わせに線を引きましょう。 P22

1 와　•　　　•　エ

2 위　•　　　•　ウェ

3 에　•　　　•　ウィ

4 웨　•　　　•　ワ

Q4　太字部分と同じ発音のパッチムの
組み合わせに線を引きましょう。　P25

1　せ**ん**ざい　•　　　•ㄴ

2　そ**ん**がい　•　　　•ㅁ

3　ほ**ん**もう　•　　　•ㅇ

Q5　パッチムと同じ発音の
アルファベットを選びましょう。　P26

1　약 (薬)　•　　　• p

2　옷 (服)　•　　　• k

3　물 (水)　•　　　• l

4　입 (口)　•　　　• t

Q6　次の二重パッチムは
左右のどちらを発音するか書きましょう。　P30

1　래 (　　　)　　5　라 (　　　)

2　ᆵ (　　　)　　6　리 (　　　)

3　ᆴ (　　　)　　7　ㅄ (　　　)

4　ᆶ (　　　)　　8　ᆱ (　　　)

答え

Q1　1나／2마／3자　　　Q3　1ワ／2ウィ／3エ／4ウェ　Q5　1k／2t／3l／4p　memo

Q2　1아／2야／3유／4이　Q4　1ㄴ／2ㅇ／3ㅁ　　　Q6　1ㄹ／2ㅍ／3ㄹ／4ㄹ／
　　　　　　　　　　　　　　　　　　　　　　　　　　　　5ㄹ／6ㄱ／7ㅂ／8ㅁ

memo　発音は1ヤッ(yak) 2オッ(ot) 3ムル(mul) 4イプ(ip)。

ハングル一覧表（基本母音）

子音 母音	ㄱ k/g	ㄴ n	ㄷ t/d	ㄹ r/l	ㅁ m	ㅂ p/b	ㅅ s	ㅇ 無音/ŋ	ㅈ tʃ/dʒ
ㅏ	가	나	다	라	마	바	사	아	자
a	カ/ガ	ナ	タ/ダ	ラ	マ	パ/バ	サ	ア	チャ/ジャ
ㅑ	갸	냐	댜	랴	먀	뱌	샤	야	쟈
ya	キャ/ギャ	ニャ	ティャ/ディャ	リャ	ミャ	ピャ/ビャ	シャ	ヤ	チャ/ジャ
ㅓ	거	너	더	러	머	버	서	어	저
eo	コ/ゴ	ノ	ト/ド	ロ	モ	ポ/ボ	ソ	オ	チョ/ジョ
ㅕ	겨	녀	뎌	려	며	벼	셔	여	져
yeo	キョ/ギョ	ニョ	ティョ/ディョ	リョ	ミョ	ピョ/ビョ	ショ	ヨ	チョ/ジョ
ㅗ	고	노	도	로	모	보	소	오	조
o	コ/ゴ	ノ	ト/ド	ロ	モ	ポ/ボ	ソ	オ	チョ/ジョ
ㅛ	교	뇨	됴	료	묘	뵤	쇼	요	죠
yo	キョ/ギョ	ニョ	ティョ/ディョ	リョ	ミョ	ピョ/ビョ	ショ	ヨ	チョ/ジョ
ㅜ	구	누	두	루	무	부	수	우	주
u	ク/グ	ヌ	トゥ/ドゥ	ル	ム	プ/ブ	ス	ウ	チュ/ジュ
ㅠ	규	뉴	듀	류	뮤	뷰	슈	유	쥬
yu	キュ/ギュ	ニュ	ティュ/ディュ	リュ	ミュ	ピュ/ビュ	シュ	ユ	チュ/ジュ
ㅡ	그	느	드	르	므	브	스	으	즈
eu	ク/グ	ヌ	トゥ/ドゥ	ル	ム	プ/ブ	ス	ウ	チュ/ジュ
ㅣ	기	니	디	리	미	비	시	이	지
i	キ/ギ	ニ	ティ/ディ	リ	ミ	ピ/ビ	シ	イ	チ/ジ

子音と基本母音の組み合わせのハングル一覧表です。

※本編のカナは発音のしやすさを優先して表記しているため、一覧表の発音とは異なるものもあります。

ㅊ	ㅋ	ㅌ	ㅍ	ㅎ	ㄲ	ㄸ	ㅃ	ㅆ	ㅉ
tʃʰ	kʰ	tʰ	pʰ	h	ʔk	ʔt	ʔp	ʔs	ʔtʃ
차	카	타	파	하	까	따	빠	싸	짜
チャ	カ	タ	パ	ハ	ッカ	ッタ	ッパ	ッサ	ッチャ
챠	캬	탸	퍄	햐	꺄	땨	뺘	쌰	쨔
チャ	キャ	ティャ	ピャ	ヒャ	ッキャ	ッティャ	ッピャ	ッシャ	ッチャ
처	커	터	퍼	허	꺼	떠	뻐	써	쩌
チョ	コ	ト	ポ	ホ	ッコ	ット	ッポ	ッソ	ッチョ
쳐	켜	텨	펴	혀	껴	뗘	뼈	쎠	쪄
チョ	キョ	ティョ	ピョ	ヒョ	ッキョ	ッティョ	ッピョ	ッショ	ッチョ
초	코	토	포	호	꼬	또	뽀	쏘	쪼
チョ	コ	ト	ポ	ホ	ッコ	ット	ッポ	ッソ	ッチョ
쵸	쿄	툐	표	효	꾜	뚀	뾰	쑈	쬬
チョ	キョ	ティョ	ピョ	ヒョ	ッキョ	ッティョ	ッピョ	ッショ	ッチョ
추	쿠	투	푸	후	꾸	뚜	뿌	쑤	쭈
チュ	ク	トゥ	プ	フ	ック	ットゥ	ップ	ッス	ッチュ
츄	큐	튜	퓨	휴	뀨	뜌	쀼	쓔	쮸
チュ	キュ	ティュ	ピュ	ヒュ	ッキュ	ッティュ	ッピュ	ッシュ	ッチュ
츠	크	트	프	흐	끄	뜨	쁘	쓰	쯔
チュ	ク	トゥ	プ	フ	ック	ットゥ	ップ	ッス	ッチュ
치	키	티	피	히	끼	띠	삐	씨	찌
チ	キ	ティ	ピ	ヒ	ッキ	ッティ	ッピ	ッシ	ッチ

ハングル一覧表（合成母音）

子音 / 母音	ㄱ k/g	ㄴ n	ㄷ t/d	ㄹ r/l	ㅁ m	ㅂ p/b	ㅅ s	ㅇ 無音/ŋ	ㅈ tʃ/dʒ
ㅐ ae	개 ケ/ゲ	내 ネ	대 テ/デ	래 レ	매 メ	배 ペ/ベ	새 セ	애 エ	재 チェ/ジェ
ㅒ yae	걔 キェ/ギェ	냬 ニェ	댸 ティェ/ディェ	럐 リェ	먜 ミェ	뱨 ピェ/ビェ	섀 シェ	얘 イェ	쟤 チェ/ジェ
ㅔ e	게 ケ/ゲ	네 ネ	데 テ/デ	레 レ	메 メ	베 ペ/ベ	세 セ	에 エ	제 チェ/ジェ
ㅖ ye	계 キェ/ギェ	녜 ニェ	뎨 ティェ/ディェ	례 リェ	몌 ミェ	볘 ピェ/ビェ	셰 シェ	예 イェ	졔 チェ/ジェ
ㅘ wa	과 クァ/グァ	놔 ヌァ	돠 トゥァ/ドゥァ	롸 ルァ	뫄 ムァ	봐 プァ/ブァ	솨 スァ	와 ワ	좌 チュァ/ジュァ
ㅙ we	괘 クェ/グェ	놰 ヌェ	돼 トゥェ/ドゥェ	뢔 ルェ	뫠 ムェ	봬 プェ/ブェ	쇄 スェ	왜 ウェ	좨 チュェ/ジュェ
ㅚ we	괴 クェ/グェ	뇌 ヌェ	되 トゥェ/ドゥェ	뢰 ルェ	뫼 ムェ	뵈 プェ/ブェ	쇠 スェ	외 ウェ	죄 チュェ/ジュェ
ㅝ wo	궈 クォ/グォ	눠 ヌォ	둬 トゥォ/ドゥォ	뤄 ルォ	뭐 ムォ	붜 プォ/ブォ	숴 スォ	워 ウォ	줘 チュォ/ジュォ
ㅞ we	궤 クェ/グェ	눼 ヌェ	뒈 トゥェ/ドゥェ	뤠 ルェ	뭬 ムェ	붸 プェ/ブェ	쉐 スェ	웨 ウェ	줴 チュェ/ジュェ
ㅟ wi	귀 クィ/グィ	뉘 ヌィ	뒤 トゥィ/ドゥィ	뤼 ルィ	뮈 ムィ	뷔 プィ/ブィ	쉬 シュィ	위 ウィ	쥐 チュィ/ジュィ
ㅢ ui	긔 クィ/グィ	늬 ヌィ	듸 トゥィ/ドゥィ	릐 ルィ	믜 ムィ	븨 プィ/ブィ	싀 スィ	의 ウィ	즤 チュィ/ジュィ

子音と合成母音の組み合わせのハングル一覧表です。
※灰色部分は実際に使われない文字です。

ㅊ	ㅋ	ㅌ	ㅍ	ㅎ	ㄲ	ㄸ	ㅃ	ㅆ	ㅉ
tʃʰ	kʰ	tʰ	pʰ	h	ʔk	ʔt	ʔp	ʔs	ʔtʃ
채	캐	태	패	해	깨	때	빼	쌔	째
チェ	ケ	テ	ペ	ヘ	ッケ	ッテ	ッペ	ッセ	ッチェ
챼	컈	턔	퍠	햬	꺠	떄	뺴	쌰	쨰
チェ	キェ	ティェ	ピェ	ヒェ	ッキェ	ッティェ	ッピェ	ッシェ	ッチェ
체	케	테	페	헤	께	떼	뻬	쎄	쩨
チェ	ケ	テ	ペ	ヘ	ッケ	ッテ	ッペ	ッセ	ッチェ
쳬	켸	톄	폐	혜	꼐	뗴	뼤	쎼	쪠
チェ	キェ	ティェ	ピェ	ヒェ	ッキェ	ッティェ	ッピェ	ッシェ	ッチェ
촤	콰	톼	퐈	화	꽈	똬	뽜	쏴	쫘
チュア	クァ	トゥア	プァ	ファ	ックァ	ットゥア	ッブァ	ッスァ	ッチュア
쵀	쾌	퇘	퐤	홰	꽤	뙈	뽸	쐐	쫴
チュェ	クェ	トゥェ	プェ	フェ	ックェ	ットゥェ	ッブェ	ッスェ	ッチュェ
최	쾨	퇴	푀	회	꾀	뙤	뾔	쐬	쬐
チュェ	クェ	トゥェ	プェ	フェ	ックェ	ットゥェ	ッブェ	ッスェ	ッチェ
취	쿼	퉈	풔	훠	꿔	뚸	뿨	쒀	쭤
チュォ	クォ	トゥォ	プォ	フォ	ックォ	ットゥォ	ッブォ	ッスォ	ッチュォ
췌	퀘	퉤	풰	훼	꿰	뛔	뿄	쒜	쮀
チュェ	クェ	トゥェ	プェ	フェ	ックェ	ットゥェ	ッブェ	ッスェ	ッチュェ
취	퀴	튀	퓌	휘	뀌	뛰	쀠	쒸	쮜
チュィ	クィ	トゥィ	プィ	フィ	ックィ	ットゥィ	ッブィ	ッシュィ	ッチュィ
츼	킈	틔	픠	희	끠	띄	쁴	씌	쯰
チュィ	クィ	トゥィ	プィ	フィ	ックィ	ットゥィ	ッブィ	ッスィ	ッチュィ

韓国語勉強

悩み解決！ **あるある相談室**

韓国語を教えているときによく質問されることや、初心者にありがちな悩みにおこたえします。
これから韓国語の勉強をスタートする方や、
始めたものの行きづまっているという方は、参考にしてみてください！

Q1 ハングルは全部完璧に覚えなきゃダメ？

<u>まずはフリガナなしで読めることを目標にしましょう！</u>　最初は全部覚えていなくても、単語や文法の勉強をしながらハングルに何度も触れていくうちに、自然と身につくはずです。<u>7〜8割覚えればよしとし</u>、次のステップに進んでOK。

Q2 何度も間違えてしまいます…

<u>一度に完璧に覚えようとしなくても大丈夫。</u>一度勉強しただけですべて覚えられたら苦労しませんが、そうはいかないのが人間です。むしろ、間違えたときに、たとえば「"ㅏ"と"ㅓ"は似ているから間違えちゃったな。"가다"は右に行く！と覚えよう」など、<u>間違えたことで強く印象に残ったり、覚えやすく工夫したりすることにもつながるので</u>、どんどん間違えながら覚えていきましょう。忘れちゃう、間違えちゃうというだけで、「韓国語は向いてない」、「勉強できてない」と自分を責めすぎると挫折につながるので、ポジティブシンキングで！

Q3　ちゃんと発音できているか不安です

発音はちゃんとできていなくても気にしないで。ハングルを覚える最初の段階で発音まで正確にするのはほぼ不可能。母国語が日本語である以上、どうしても日本語特有の発音に近づいてしまいます。反対に、外国の方が日本語を学ぶとき、はじめはどうしてもカタコトになってしまうのはイメージできますよね。まずは、正確な発音よりも韓国語を話したい、知りたいという気持ちが大事！韓国語の勉強を進め、文法を学びながら、好きな動画や音楽、ドラマなどを通して知っている単語を確認していくと、少しずつ正しい発音やイントネーションを理解できるようになります。

Q4　韓国語が上達しやすい人ってどんな人？

たくさんの人を教えていると、どんどん上達する人には共通点があることに気がつきます。上達するためのポイントをまとめました。
❶ポジティブに！　覚えられなかったことをネガティブに捉えるのではなく、改善策を考える。自分を責めない！
❷テキストに書いてあること以外にも、ゴロ合わせなど、自分なりの覚え方を考えたり、工夫したりする。
❸小さな目標を立てて少しずつ達成感を味わう。「今日は単語10個覚える」など、具体的で達成しやすい目標がいい。
❹疑問に思ったことやわからないことは、できるだけそのままにしないで自分で調べる。
❺継続する。できれば毎日韓国語に触れるのがベストだけど、月曜日だけ、週末だけは必ずやるなど、習慣にするとよい。

丁寧語とため口

韓国語には日本語と同様に、丁寧語といわゆる"ため口"にあたるパンマルがあり、相手との関係や状況によって使い分けます。本書では、初対面の相手にも使いやすい、丁寧語をメインに紹介しています。

丁寧 ↑

ハムニダ体

初対面の人、目上の人、ビジネスの関係、あいさつ、ニュースなど

もっともかしこまった言い方で、ややかたい印象。初対面の相手や目上の人、ビジネスなどの場面で使います。あいさつなどの慣用表現や、きちんとお礼を言いたいときなどは、日常的にもよく使います。

例

コマプスムニダ
고맙습니다
ありがとうございます

ヘヨ体

初対面の人、親しい目上の人など

会話の中でもっともよく使われる丁寧語で、やわらかい印象です。目上の人や初対面の人に使っても失礼ではなく、丁寧でも親しみのある表現。同じ会話の中でハムニダ体と混ぜて使うこともあります。

例

コマウォヨ
고마워요
ありがとうございます

パンマル

親しい友人同士、兄弟姉妹、目下の人、子どもに対して

いわゆるため口で、親しい間柄や目下の人、子どもに対して使う、フランクな言い方です。上の「ヘヨ体」の「ヨ」を取った形で、友人同士で使う言葉。ドラマやK-POPの歌詞にもよく登場します。

例

コマウォ
고마워
ありがとう

フランク ↓

ハンダ体

文章、親しい友人同士、兄弟姉妹、目下の人、子どもに対して

主に文章で使う形で、作文などはこの形で書きます。会話で使う場合は、親しい間柄や目下の人に使う、パンマルよりもう少しぞんざいな言い方になります。独り言や、SNSのつぶやきなどに使うことも。パンマルと区別せずに使うこともよくあります。

例

コマプタ
고맙다
ありがとう

名詞＋○○の文法

まずは一文を作ってみる！

名詞 + です

HOW TO USE 簡単な自己紹介や質問をするとき

もっとも基本的な、「〜です」という表現。名詞のところに名前や職業を入れれば、自己紹介になります。ヘヨ体の場合は前につく名詞の最後の文字にパッチムがあるかないかによって形が変わります。

ハムニダ体

イムニダ
名詞 + **입니다**

（かしこまった）〜です

ヘヨ体

イエヨ
パッチムあり　名詞 + **이에요**

エヨ
パッチムなし　名詞 + **예요**

（やわらかい）〜です

ハクセンイムニダ
학생입니다.

ハクセンイエヨ
학생이에요.

学生です。

scene
初対面

QUESTION

-입니다、-이에요 / -예요 を使って
文章を完成させましょう。

Q1 日本人です。【ハムニダ体】
일본 사람(　　　　).

Q2 久しぶりですね。【ヘヨ体】
오랜만(　　　　).

Q3 オタクです。【ハムニダ体】 memo
덕후(　　　　).

Q4 本当ですか?【ヘヨ体】
정말(　　　　)?

Q5 最高です!【ヘヨ体】
최고(　　　　)!

memo 「オタク」は日本語の「오타쿠(オタク)」から、よ
り韓国人が発音しやすい「오덕후(オドク)」や
「덕후(トク)」に変化しました。

+α単語 (プラスアルファ)

学生	학생 (ハクセン)
私	저 (チョ)
日本	일본 (イルボン)
人	사람 (サラム)
久々	오랜만 (オレンマン)
オタク	덕후 (トク)
本当	정말 (チョンマル)
最高	최고 (チェゴ)
初めて	처음 (チョウム)
推し(最愛)	최애 (チュエ)
ライブ	라이브 (ライブ)
握手会	악수회 (アクスフェ)
サイン会	사인회 (サヌェ)

ANSWER

答え **A1** 일본 사람(입니다). (イルボン サラミムニダ)

A2 오랜만(이에요). (オレンマニエヨ)

A3 덕후(입니다). (トクイムニダ)

A4 정말(이에요)? (チョンマリエヨ)

A5 최고(예요)! (チュェゴエヨ)

STEP UP!

疑問形にするにはどうすれ
ばいいの?

ヘヨ体の場合、「학생이에요?
(学生ですか?)」と語尾を
上げるだけで疑問形になる
よ。ハムニダ体の疑問形は
P.46へ。

名詞 + ではありません

HOW TO USE 簡単な否定や謙遜をするとき

「〜ではありません」と、否定する表現。名詞の最後の文字のパッチムあり、なしによって**이／가**(〜が)という助詞が入ります(助詞についてはP.52)。助詞が省略できる場合もあります。

ハムニダ体	ヘヨ体
パッチム あり 名詞 + **이 아닙니다** （イ　アニムニダ）	パッチム あり 名詞 + **이 아니에요** （イ　アニエヨ）
パッチム なし 名詞 + **가 아닙니다** （ガ　アニムニダ）	パッチム なし 名詞 + **가 아니에요** （ガ　アニエヨ）
（かしこまった）〜ではありません	（やわらかい）〜ではありません

아이돌이 아닙니다.
（アイドリ　アニムニダ）

아이돌이 아니에요.
（アイドリ　アニエヨ）

アイドルではありません。

scene
受け答え

QUESTION

아닙니다、**아니에요** を使って
文章を完成させましょう。

Q1 韓国人ではありません。【ヘヨ体】
한국 사람이 (　　　　　).

Q2 同期ではありません。【ハムニダ体】
동기가 (　　　　　).

Q3 事前収録ではありません。【ハムニダ体】 memo
사녹이 (　　　　　).

Q4 芸能人ではありませんか？【ヘヨ体】
연예인이 (　　　　　)?

Q5 彼女ではありません。【ヘヨ体】
여자친구가 (　　　　　).

memo 사녹 (サノク) は 사전녹화 (サジョンノクァ)
＝「事前録画、事前収録」の略です。

＋α単語 プラスアルファ

アイドル	アイドル **아이돌**
韓国人	ハングク サラム **한국 사람**
日本人	イルボン サラム **일본 사람**
アメリカ人	ミグク サラム **미국 사람**
同期	トンギ **동기**
事前収録	サジョンノクァ **사전녹화**
生放送	センバンソン **생방송**
芸能人	ヨネイン **연예인**
歌手	カス **가수**
俳優	ペウ **배우**
練習生	ヨンスプセン **연습생**
彼女	ヨジャチング **여자친구**

ANSWER

答え A1 ハングク サラミ アニエヨ
한국 사람이 (아니에요).

A2 トンギガ アニムニダ
동기가 (아닙니다).

A3 サノギ アニムニダ
사녹이 (아닙니다).

A4 ヨネイニ アニエヨ
연예인이 (아니에요)?

A5 ヨジャチングガ アニエヨ
여자친구가 (아니에요).

STEP UP !

「아니에요」って単独でも使えるの？

使える！ 何か聞かれたときに「아니에요」「아닙니다」と答えれば「違います」と否定の意味に。パンマルの「아니야」もよく使うよ。

名詞 + ですか？／ではありませんか？
（ハムニダ体）

HOW TO USE 丁寧な質問や確認をするとき

ハムニダ体で「〜ですか？」「〜ではありませんか？」と質問したり、確認したりする表現です。原型 **이다**（〜だ）、**아니다**（〜ではない）のハムニダ体の疑問形です。

ハムニダ体

名詞 + **입니까?**
（イムニッカ）

（かしこまった）〜ですか？

ハムニダ体

パッチムあり 名詞 + **이 아닙니까?**
（イ　アニムニッカ）

パッチムなし 名詞 + **가 아닙니까?**
（ガ　アニムニッカ）

（かしこまった）〜ではありませんか？

일본 사람입니까?
（イルボン　サラミムニッカ）

日本人ですか？

scene コンサート

다나카 씨가 아닙니까?
（タナカ　ッシガ　アニムニッカ）

田中さんではありませんか？

-입니까?、아닙니까? を使って
文章を完成させましょう。

Q1　今日は休日ですか?
　　오늘은 휴일（　　　　　）?

Q2　誰のファンですか?
　　누구의 팬（　　　　　）?

Q3　私の席ではありませんか?
　　제 자리가（　　　　　）?

Q4　これはプレミアムチケットですか?
　　이것은 프리미엄 티켓（　　　　　）?

Q5　このトラブルも演出ではありませんか?
　　이 트러블도 연출이（　　　　　）?

＋α単語 （プラスアルファ）

~さん	씨 （ッシ）
~様	님 （ニム）
休日	휴일 （ヒュイル）
ファン	팬 （ペン）
席	자리 （チャリ）
プレミアム	프리미엄 （プリミオム）
チケット	티켓 （ティケッ）
トラブル	트러블 （トゥロブル）
演出	연출 （ヨンチュル）
これ	이것 （イゴッ）
この	이 （イ）
ここ	여기 （ヨギ）

答え　A1　오늘은 휴일（입니까）?
　　　　　オヌルン　ヒュイルムニッカ
　　　A2　누구의 팬（입니까）?
　　　　　ヌグエ　ペニムニッカ
　　　A3　제 자리가（아닙니까）?
　　　　　チェ　チャリガ　アニムニッカ
　　　A4　이것은 프리미엄 티켓（입니까）?
　　　　　イゴスン　プリミオム　ティケシムニッカ
　　　A5　이 트러블도 연출이（아닙니까）?
　　　　　イ　トゥロブルド　ヨンチュリ　アニムニッカ

STEP UP!

質問されたとき、返事はどうすればいいの?

「はい」なら「네」、「違います」なら「아닙니다」または「아니에요」と答えればOK!

名詞 + でした

HOW TO USE 過去の話や思い出を語るとき

過去の状況や状態について表す言い方です。原型**이다**〈イダ〉を過去形にした、**이었다／였다**〈イオッタ／ヨッタ〉のハムニダ体、ヘヨ体が「〜でした」という言い方になります。

ハムニダ体

パッチム
あり 名詞 + **이었습니다**〈イオッスムニダ〉

パッチム
なし 名詞 + **였습니다**〈ヨッスムニダ〉

（かしこまった）〜でした

ヘヨ体

パッチム
あり 名詞 + **이었어요**〈イオッソヨ〉

パッチム
なし 名詞 + **였어요**〈ヨッソヨ〉

（やわらかい）〜でした

scene
インタビュー

녹음이었습니다〈ノグミオッスムニダ〉

녹음이었어요〈ノグミオッソヨ〉

レコーディングでした。

~~~~~~~ QUESTION ~~~~~~~

-이었습니다 / -였습니다、
-이었어요 / -였어요 を使って
文章を完成させましょう。

Q1 授賞式でした。【ヘヨ体】

시상식(　　　　).

Q2 デビュー記念日でした。【ハムニダ体】

데뷔 기념일(　　　　).

Q3 あのときは子どもでした。【ハムニダ体】 memo

그때는 아이(　　　　).

Q4 一昨日は誕生日でした。【ハムニダ体】

그저께는 생일(　　　　).

Q5 コンセプトはレトロでした。【ヘヨ体】

콘셉트는 레트로(　　　　).

memo
그때(クッテ)＝「そのとき、あのとき」はユ(ク)
＝「その」と때(ッテ)＝「時」が合体した単語で
す。

+α単語 (プラスアルファ)

レコーディング（録音）	녹음 (ノグム)
収録	수록 (スロク)
授賞式	시상식 (シサンシク)
記念日	기념일 (キニョミル)
誕生日	생일 (センイル)
子ども	아이 (アイ)
一昨日	그저께 (クジョッケ)
今日	오늘 (オヌル)
昨日	어제 (オジェ)
コンセプト	콘셉트 (コンセプトゥ)
レトロ	레트로 (レトゥロ)
夢	꿈 (ックム)

~~~~~~~ ANSWER ~~~~~~~

答え **A1** 시상식 (이었어요). (シサンシギオッソヨ)

A2 데뷔 기념일 (이었습니다). (デヴィ キニョミリオッスムニダ)

A3 그때는 아이 (였습니다). (クッテヌン アイヨッスムニダ)

A4 그저께는 생일 (이었습니다). (クジョッケヌン センイリオッスムニダ)

A5 콘셉트는 레트로 (였어요). (コンセプトゥヌン レトゥロヨッソヨ)

STEP UP!

過去形の疑問形や否定形は、
「생일이었어요?」「생일이었습니까?」(誕生日でした
か?)、「생일이 아니었어요」
「생일이 아니었습니다」(誕生日ではありませんでした)
など、これまで学んだ文法を
応用すれば簡単!

名詞 + あります／ありません

HOW TO USE 人やもののあるなしの確認などをするとき

韓国語では、「ある」「いる」は**있다**(イッタ)を、「ない」「いない」は**없다**(オプタ)を使い、ものと人で区別しません。

ハムニダ体

^{パッチム
あり} 名詞 + 이 있습니다
イ　　イッスムニダ

^{パッチム
なし} 名詞 + 가 있습니다
ガ　　イッスムニダ

（かしこまった）〜があります・います

ヘヨ体

^{パッチム
あり} 名詞 + 이 있어요
イ　　イッソヨ

^{パッチム
なし} 名詞 + 가 있어요
ガ　　イッソヨ

（やわらかい）〜があります・います

●「〜ありません・いません」は있습니다(イッスムニダ)を없습니다(オプスムニダ)へ、있어요(イッソヨ)を없어요(オプソヨ)へ置き換えます。

コンジ　サハンイ　イッスムニダ
공지 사항이 있습니다.

コンジ　サハンイ　イッソヨ
공지 사항이 있어요.

告知があります。

scene
VLIVE

メンボガ　オプスムニダ
멤버가 없습니다.

メンボガ　オプソヨ
멤버가 없어요.

メンバーがいません。

QUESTION

-있습니다 / -있어요、-없습니다 / -없어요 を
使って文章を完成させましょう。

Q1 撮影があります。【ヘヨ体】
촬영이（　　　）.

Q2 予定があります。【ハムニダ体】
스케줄이（　　　）.

Q3 新曲がありません。【ハムニダ体】
신곡이（　　　）.

Q4 マネージャーがいます。【ハムニダ体】
매니저가（　　　）.

Q5 兄弟がいません。【ヘヨ体】
형제가（　　　）.

＋α単語 プラスアルファ

告知	コンジ サハン **공지 사항**
重大発表	チュンデ バルピョ **중대 발표**
メンバー	メンボ **멤버**
撮影	チュァリョン **촬영**
予定	スケジュル **스케줄**
今月	イボン タル **이번 달**
先月	チョボン タル **저번 달**
来月	タウム タル **다음 달**
新曲	シンゴク **신곡**
マネージャー	メニジョ **매니저**
兄弟	ヒョンジェ **형제**
姉妹	チャメ **자매**

ANSWER

答え
A1 チュァリョンイ　イッソヨ
촬영이（있어요）.

A2 スケジュリ　イッスムニダ
스케줄이（있습니다）.

A3 シンゴギ　オプスムニダ
신곡이（없습니다）.

A4 メニジョガ　イッスムニダ
매니저가（있습니다）.

A5 ヒョンジェガ　オプソヨ
형제가（없어요）.

STEP UP!

「잘 있어요」という言葉は聞
いたことがある！

直訳すると、「よくいてくださ
い」という意味。お元気でと
か、さようならという意味のカ
ジュアルな言い方だよ。

助詞①

HOW TO USE 主語や目的のはっきりした一文

助詞は数が限られているので一度覚えれば簡単。ただし、前にくる名詞の最後の文字のパッチムありなしで形が変わるものに注意しましょう。

～は	パッチム あり	^{ウン} 은	アドゥルン クィヨウォヨ 아들은 귀여워요.	息子はかわいいです。
	パッチム なし	^{ヌン} 는	チョヌン フェサウォニムニダ 저는 회사원입니다.	私は会社員です。
～が	パッチム あり	^イ 이	オルグリ イェッポヨ 얼굴이 예뻐요.	顔がきれいです。
	パッチム なし	^ガ 가	チャガ マナヨ 차가 많아요.	車が多いです。
～を(に)	パッチム あり	^{ウル} 을	パブル モクスムニダ 밥을 먹습니다.	ご飯を食べます。
	パッチム なし	^{ルル} 를	チングルル マンナヨ 친구를 만나요.	友達に会います。

memo 여행을 가요(旅行に行きます)、친구를 만나요(友達に会います)などは「을/를」を使います。日本語と使い方が違うので注意しましょう。

～と	パッチム あり	^{イラン} 이랑	ムリラン プル 물이랑 불	水と火
	パッチム なし	^{ラン} 랑	ナラン ノ 나랑 너	僕と君
	^{ハゴ} 하고 ※会話のみ		チングハゴ ボァヨ 친구하고 봐요.	友達と見ます。
	パッチム あり	^{グァ} 과	ナムドンセンガ ヨドンセン 남동생과 여동생	弟と妹
	パッチム なし	^ワ 와	ウユワ ッパン 우유와 빵	牛乳とパン
～の		^エ 의	ネイレ チョムシム 내일의 점심	明日の昼食
～も		^ド 도	イボネド カヨ 이번에도 가요.	今回も行きます。

QUESTION

適切な助詞を選び、文章を完成させましょう。

Q1 今日は記念日です。
오늘 (은/는) 기념일이에요.

Q2 今回のMVがやばいです。
이번 뮤직비디오 (이/가) 대박이에요.

Q3 字幕を見ます。
자막 (을/를) 봐요.

Q4 作詞と作曲
작사 (과/와) 작곡

Q5 アイドルのカムバック
아이돌 (의/도) 컴백

Q6 顔もカリスマ memo
얼굴 (의/도) 카리스마

memo 카리스마 (カリスマ) =「カリスマ」は日本語の
意味と少々異なり、かっこいい雰囲気やオーラ
のある様子を指します。

＋α単語 (プラスアルファ)

車	차 (チャ)
友達	친구 (チング)
水	물 (ムル)
火	불 (プル)
弟	남동생 (ナムドンセン)
妹	여동생 (ヨドンセン)
牛乳	우유 (ウユ)
パン	빵 (ッパン)
昼食	점심 (チョムシム)
字幕	자막 (チャマク)
作詞	작사 (チャクサ)
作曲	작곡 (チャッコク)

ANSWER

答え
A1 오늘 (은) 기념일이에요. (オヌルン キニョミリエヨ)
A2 이번 뮤직비디오 (가) 대박이에요. (イボン ミュジクビディオガ テバギエヨ)
A3 자막 (을) 봐요. (チャマグル ポァヨ)
A4 작사 (와) 작곡 (チャクサワ チャッコク)
A5 아이돌 (의) 컴백 (アイドレ コムベク)
A6 얼굴 (도) 카리스마 (オルグルド カリスマ)

STEP UP!

「～と」にあたる助詞がいくつもあるけど違いは？

이랑・랑と하고は主に会話で使うよ。과・와は主に文章で使われるかたい表現で、ドラマや映画のタイトルなどにも使われるよ。

53

助詞②

HOW TO USE 場所や時間、手段などの条件

場所や時間を表したり、「〜(人)に」「〜で」など、対象や手段、原因などを表すことができる助詞を覚えましょう。友達と約束をしたり、ライブの時間を確認したりするのにも使えます。

〜に 場所、時間	エ **에**	チベ ワヨ 집에 와요.	家に来ます。
〜に 人、動物	エゲ **에게** ※主に文章	チェエエゲ チュォヨ 최애에게 줘요.	推しにあげます。
	ハンテ **한테** ※会話のみ	チングハンテ ムロボムニダ 친구한테 물어봅니다.	友達に聞いてみます。
〜で (〜に) (〜へ) 手段、方法、 方向、原因など	パッチム ウ ロ <u>あり</u> **으로**	クッチョグロ カヨ 그쪽으로 가요.	そちらの方に行きます。
	パッチム ロ <u>なし</u> **로** または ㄹで終わる名詞	チャジョンゴロ トラガヨ 자전거로 돌아가요.	自転車で帰ります。
〜で、〜から 場所	エソ **에서**	シクタンエソ モクスムニダ 식당에서 먹습니다.	食堂で食べます。
〜から 範囲、時間	プト **부터**	ネイルブト アルバエヨ 내일부터 알바예요.	明日からバイトです。
〜まで 範囲、時間、 場所	ッカジ **까지**	オヌルン ヨギッカジ 오늘은 여기까지.	今日はここまで。

QUESTION

適切な助詞を選び、文章を完成させましょう。

Q1 東京に行きます。
도쿄（에/에게）가요.

Q2 末っ子に連絡します。
막내（한테/으로）연락합니다.

Q3 飛行機で来ます。
비행기（으로/로）와요.

Q4 ホテルで休みます。
호텔（에서/부터）쉽니다.

Q5 頭からつま先まで
머리（에서/부터）발끝까지

+α単語 プラスアルファ

家	집 チプ
自転車	자전거 チャジョンゴ
バイト	알바 アルバ
東京	도쿄 トキョ
末っ子	막내 マンネ
長男	장남 チャンナム
兄（男性から見て）	형 ヒョン
連絡	연락 ヨルラク
飛行機	비행기 ピヘンギ
ホテル	호텔 ホテル
頭	머리 モリ
つま先	발끝 パルクッ

ANSWER

答え

A1 **도쿄（에）가요.**
トキョエ　カヨ

A2 **막내（한테）연락합니다.**
マンネハンテ　ヨルラカムニダ

A3 **비행기（로）와요.**
ピヘンギロ　ワヨ

A4 **호텔（에서）쉽니다.**
ホテレソ　スィムニダ

A5 **머리（부터）발끝까지**
モリブト　パルックカジ

STEP UP!

一気に覚えることが増えた気がして大変…。

大丈夫。まずはこんな助詞があるんだな〜ぐらいでOK。これから例文にたくさん触れることで自然に身についていくものだから、焦らず進もう！

Q1 次の( )に適切な語句を入れ、文章を完成させましょう。 P42

1 私はアイドルです。 ハムニダ体 저는 아이돌（　　　）.

2 今日はお弁当ですか？ ヘヨ体 오늘은 도시락（　　　）?

3 明日はライブです。 ヘヨ体 내일은 라이브（　　　）.

Q2 下記の語句を使って文章を完成させましょう。 P44

語句 이、가、아닙니다、아니에요

1 芸能人ではありません。 ハムニダ体 연예인（　）（　　　）.

2 プロではありません。 ハムニダ体 프로（　）（　　　）.

3 先輩ではありません。 ヘヨ体 선배（　）（　　　）.

4 初めてではありません。 ヘヨ体 처음（　）（　　　）.

Q3 次の( )に適切な語句を入れ、ハムニダ体の文章を完成させましょう。 P46

1 高校生ですか？ 고등학생（　　　）?

2 新曲ではありませんか？ 신곡（　）（　　　）?

3 末っ子ではありませんか？ 막내（　）（　　　）?

4 生放送ですか？ 생방송（　　　）?

答え

Q1 1입니다／2이에요／3예요

Q2 1이 아닙니다／2가 아닙니다／3가 아니에요／4이 아니에요

Q3 1입니까／2이 아닙니까／3가 아닙니까／4입니까

Q4 1였습니다／2이었습니다／3였어요／4이었어요

Q5 1남자친구가 있어요／2티슈가 있습니다／3형제가 없어요／4면허가 없습니다

Q6 1가／2까지／3도／4을／5의／6에게모시쿠는한테／7는／8에서

わからなかったらページをチェック！

Q4 （　）に適切な語句を入れ、次の文章を過去形にしましょう。　P48

1 5時です。　다섯 시입니다. > 다섯 시（　　　）.

2 先生です。　선생님입니다. > 선생님（　　　）.

3 歌手です。　가수예요. > 가수（　　　）.

4 ファンです。　팬이에요. > 팬（　　　）.

Q5 次の文章を韓国語で書きましょう。　P50

1 彼氏がいます。（彼氏＝남자친구）

ヘヨ体 （　　　　　　　　　　　　　　　）.

2 ティッシュがあります。（ティッシュ＝티슈）

ハムニダ体 （　　　　　　　　　　　　　　　）.

3 兄弟がいません。（兄弟＝형제）

ヘヨ体 （　　　　　　　　　　　　　　　）.

4 免許がないです。（免許＝면허）

ハムニダ体 （　　　　　　　　　　　　　　　）.

Q6 次の（　）に適切な助詞を入れましょう。　P52　P54

1 会社が　회사（　　　）　　5 アイドルの　아이돌（　　　）

2 駅まで　역（　　　）　　6 兄に　형（　　　）

3 私も　저（　　　）　　7 昨日は　어제（　　　）

4 字幕を　자막（　　　）　　8 学校で　학교（　　　）

1人称と2人称

「私」、「あなた」、「私たち」など、よく使う人称代名詞を覚えましょう。丁寧語とパンマルなどの違いのほか、あとにつく助詞によって変化する場合があるので注意が必要です。

1人称 私、僕、私たち など

チョ
저
わたくし

初対面や目上の人との会話など、敬語で使う丁寧な表現。

チョヒ
저희
私たち

初対面や目上の人に対して使う謙譲表現。

ナ
나
私、僕

友達同士や目下の相手に対して使う表現。

ウリ
우리
私たち

友達同士や親しい間柄などで使う表現。

2人称 あなた、君、おまえ など

ノ
너
君、おまえ、あなた

友達同士や目下の相手に使う表現。

タンシン
당신
あなた

対等な相手に対する表現。目上の相手には使わない。

●「저」「나」「너」は、あとに助詞の가がつくと変化する

わたくしは	**저는** チョヌン	> わたくしが **제가** チェガ
私・僕は	**나는** ナヌン	> 私・僕が **내가** ネガ
君・おまえ・あなたは	**너는** ノヌン	> 君・おまえ・あなたが **네가** ネガ

※2人称の네가は1人称の내가と似ているため、よく「ネガ」ではなく「ニガ」と発音されます。

動詞・形容詞の基本文法

現在・過去・未来の話を伝える！

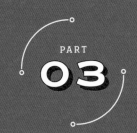

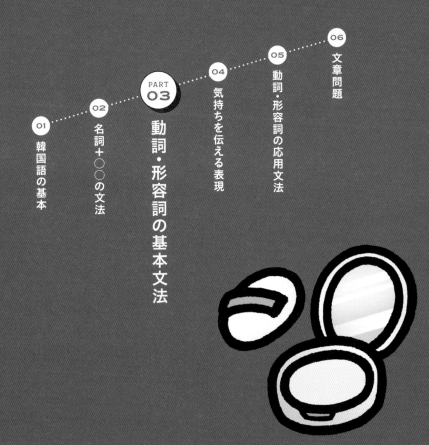

動詞・形容詞の原型

韓国語の動詞や形容詞の原型はすべて**다**で終わります。辞書には原型で掲載されているので、動詞や形容詞を学ぶときは、原型で覚えることが大切です。

韓国語の動詞と形容詞は似ている!

日本語と違って、韓国語の動詞と形容詞は形がそっくり。すべて**다**で終わるだけでなく、活用の仕方も似ているので動詞と形容詞の活用は一緒に覚えてしまいましょう! ただし、形容詞には命令形、勧誘形がないのと、一部活用の仕方が動詞と違うものもあります。

形容詞の原型はリアクションにも使える!

形容詞の原型を覚えると、「かっこいい!」「しんどい…」など、ちょっとしたリアクションや感想などをつぶやくことができます。これは、形容詞の原型が、韓国語のハンダ体(P.40参照)という主に文章で使う形と同じだから。なお、動詞の場合は活用があるので、そのままでは使えません。
ハンダ体を会話で使う場合は目下の人に使うかなりカジュアルな言い方になるので注意。まずはひとり言やつぶやきで使ってみましょう。

例

かわいい
※子どもや動物などに対して

クィヨプタ
귀엽다

かっこいい

モシッタ
멋있다

疲れる、しんどい

ヒムドゥルダ
힘들다

動詞・形容詞の活用（基本編）

韓国語の動詞や形容詞は、後ろにくる形によって活用します。まず、覚えたいのはハムニダ体、ヘヨ体のときのもっとも基本的な活用。活用のルールを覚えれば、いろんな単語に応用できて早く上達します。

変化しない「語幹」と変化する「語尾」

動詞や形容詞などの原型（辞書に出ている形）は、必ず**다**で終わります。
この**다**を取った形は「語幹」と呼ばれ、基本的には変化しません。

一方、語尾はハムニダ体、ヘヨ体などどうしろにくる形に加え、時制や命令形、勧誘形などの意味によって変化します。

いちばん簡単な活用をマスターしよう！

活用にはいくつかのルールがありますが、ハムニダ体、ヘヨ体で一文をつくるときに重要な、もっともシンプルで簡単な活用を覚えましょう。なお、動詞によって活用の仕方は違います。さらに詳しい活用についてはP.112～で説明しています。

ハムニダ体

基本的には語幹に습니다、ㅂ니다をつけるだけなので簡単です。(語幹にㄹのパッチムがつく場合の活用はP.114参照)

●語幹末にパッチムがある場合、습니다をつける

例

チョタ　　　スムニダ　　　　　　　　　チョッスムニダ
좋다 + 습니다　＞　좋습니다
よい　　　　　　　　　　　　　　　　よいです

モクタ　　　スムニダ　　　　　　　　　モクスムニダ
먹다 + 습니다　＞　먹습니다
食べる　　　　　　　　　　　　　　　食べます

●語幹末にパッチムがない場合、ㅂ니다をつける

例

パップダ　　　ムニダ　　　　　　　　　パップムニダ
바쁘다 + ㅂ니다　＞　바쁩니다
忙しい　　　　　　　　　　　　　　　忙しいです

カダ　　　ムニダ　　　　　　　　　　カムニダ
가다 + ㅂ니다　＞　갑니다
行く　　　　　　　　　　　　　　　行きます

へヨ体

へヨ体の活用は、ハムニダ体より複雑です。まずはもっともシンプルな活用を覚えましょう。(その他の活用についてはP.112〜参照)

●語幹末にパッチムがある場合

パターン❶

語幹末の母音が陽母音(ㅗ、ㅏ、ㅑ)の場合、_{ア ヨ}아요をつける

(陽母音についてはP.22参照)

例 _{チョタ}**좋다** + _{アヨ}**아요** > _{チョアヨ}**좋아요**
よい　　　　　　　　　　　　　　　よいです

_{パッタ}**받다** + _{アヨ}**아요** > _{パダヨ}**받아요**
受け取る　　　　　　　　　　　　受け取ります

パターン❷

語幹末の母音が陽母音以外の場合、_{オ ヨ}어요をつける

例 _{モクタ}**먹다** + _{オヨ}**어요** > _{モゴヨ}**먹어요**
食べる　　　　　　　　　　　　　食べます

_{シルタ}**싫다** + _{オヨ}**어요** > _{シロヨ}**싫어요**
嫌だ　　　　　　　　　　　　　　嫌です

●語幹末にパッチムがない場合

語幹末の母音が<u>陽母音</u>の場合 **아요** をつける。

語幹末の母音が<u>陽母音以外</u>の場合 **어요** をつける。

上記のルールは「語幹末にパッチムがある」場合と同じですが、語幹末の母音によって形が少し変わります。

パターン❶

아/어が脱落して요を付けるだけのもの→ ㅏ ㅓ ㅐ ㅕ ㅒ

例 **가다** + **아요** > **가아요** > **가요**
（カダ）（アヨ）　　　　　（カヨ）
行く　　　　　　　　（아を取る）　　行きます

서다 + **어요** > **서어요** > **서요**
（ソダ）（オヨ）　　　　　（ソヨ）
立つ　　　　　　　　（어を取る）　　立ちます

※最後が하다（ハダ）で終わる動詞は例外的に「해요（ヘヨ）」になります。P.66で詳しく解説します。

パターン❷

아/어요と合わさって縮めるもの→ ㅗ ㅜ ㅚ

縮め方	ㅗ + 아요 → ㅘ요
	ㅜ + 어요 → ㅝ요
	ㅚ + 어요 → ㅙ요

例 _{オダ} _{アヨ}
오다 + 아요 > **오아요** > _{ワヨ}
来る （縮める） **와요**
来ます

_{ペウダ} _{オヨ} _{ペウォヨ}
배우다 + 어요 > **배우어요** > **배워요**
学ぶ （縮める） 学びます

_{トゥェダ} _{オヨ} _{トゥェヨ}
되다 + 어요 > **되어요** > **돼요**
なる （縮める） なります

パターン**❸** **難**

어요をつけたとき**여**になるもの→ㅣ

例 _{キダリダ} _{オヨ} _{キダリョヨ}
기다리다 + 어요 > **기다리어요** > **기다려요**
待つ （縮める） 待ちます

_{チュルギダ} _{オヨ} _{チュルギョヨ}
즐기다 + 어요 > **즐기어요** > **즐겨요**
楽しむ （縮める） 楽しみます

また、このように動詞や形容詞をヘヨ体に変化させ、「요」を抜いたときの形
を아/어形といいます。これから学習する文法にも必要な形なので覚えましょ
う。

하다動詞

<ruby>하다<rt>ハ ダ</rt></ruby>

「하다」(〜する)で終わる動詞は하다動詞と呼ばれます。名詞「<ruby>사랑<rt>サラン</rt></ruby>」(愛)をつけて「<ruby>사랑하다<rt>サランハダ</rt></ruby>」(愛する)など、さまざまな名詞と組み合わせて使えます。通常の動詞と活用が少し異なる場合があるので注意しましょう。

하다動詞の使い方

「하다」は「する」という意味で単独でも使えますが、さまざまな名詞と組み合わせて動詞や形容詞をつくります。

例 　**動詞**　（勉強）<ruby>공부<rt>コンブ</rt></ruby> ＋ 하다 ＞ 勉強する <ruby>공부하다<rt>コンブハダ</rt></ruby>

　　　　　　　（告白）<ruby>고백<rt>コベク</rt></ruby> ＋ 하다 ＞ 告白する <ruby>고백하다<rt>コベカダ</rt></ruby>

　　形容詞　（重要）<ruby>중요<rt>チュンヨ</rt></ruby> ＋ 하다 ＞ 重要だ <ruby>중요하다<rt>チュンヨハダ</rt></ruby>

　　　　　　　（幸せ）<ruby>행복<rt>ヘンボク</rt></ruby> ＋ 하다 ＞ 幸せだ <ruby>행복하다<rt>ヘンボカダ</rt></ruby>

하다の語幹は陽母音ですが、他の陽母音とは活用の仕方が違います。でも、名詞の部分の形はそのまま、하다の部分だけが変化するので簡単！　1種類覚えれば、たくさんの動詞や形容詞が使えるようになります。

例　勉強します <ruby>공부해요<rt>コンブヘヨ</rt></ruby>　　告白します <ruby>고백해요<rt>コベケヨ</rt></ruby>

　　　勉強しました <ruby>공부했어요<rt>コンブヘッソヨ</rt></ruby>　　告白しました <ruby>고백했어요<rt>コベケッソヨ</rt></ruby>

原型

辞書で調べるときの形で、すべて最後は**하다**になります。

例　準備する　チュンビハダ　**준비하다**　　　練習する　ヨンスパダ　**연습하다**

現在形

ヘヨ体、ハムニダ体の現在形を覚えましょう。

ヘヨ体	名詞 + ヘヨ **해요**	ハムニダ体	名詞 + ハムニダ **합니다**
	（やわらかい）〜します		（かしこまった）〜します

例　休憩します　ヒュシケヨ　**휴식해요**　＞ 疑問形　休憩しますか？　ヒュシケヨ　**휴식해요?**

練習します　ヨンスパムニダ　**연습합니다**　＞ 疑問形　練習しますか？　ヨンスパムニッカ　**연습합니까?**

過去形

過去形の〜ヘッタ**했다**という表現。ヘヨ体、ハムニダ体を覚えましょう。

ヘヨ体	名詞 + ヘッソヨ **했어요**	ハムニダ体	名詞 + ヘッスムニダ **했습니다**
	（やわらかい）〜しました		（かしこまった）〜しました

例　リツイートしました　リトゥウィテッソヨ　**리트윗했어요**　＞ 疑問形　リツイートしましたか？　リトゥウィテッソヨ　**리트윗했어요?**

緊張しました　キンジャンヘッスムニダ　**긴장했습니다**　＞ 疑問形　緊張しましたか？　キンジャンヘッスムニッカ　**긴장했습니까?**

現在形 〜です／します

HOW TO USE 自分の状況や行動を伝えるとき

動詞や形容詞を使って、行動や様子などを伝える基本的な表現。助詞と名詞を組み合わせれば、「(家に)行く」「(ご飯を)食べる」「(人が)多い」など、さまざまなことを言い表すことができます。

ハムニダ体	ヘヨ体

_{パッチム
あり} 語幹 + ^{スムニダ}**습니다**　　　　陽母音語幹(ㅗ、ㅏ、ㅑ) + ^{アヨ}**아요**

_{パッチム
なし} 語幹 + ^{ムニダ}**ㅂ니다**　　　　上記以外 + ^{オヨ}**어요**

(かしこまった)〜です・します　　　(やわらかい)〜です・します

※詳しい解説はP.63〜を参照してください。

^{キムチッチゲルル　モクスムニダ}
김치찌개를 먹습니다.

^{キムチッチゲルル　モゴヨ}
김치찌개를 먹어요.

キムチチゲを食べます。

scene
旅行配信

~~~ QUESTION ~~~

-습니다 / ㅂ니다、-아요 / 어요 を使って
文章を完成させましょう。

原型	問題

ノプタ
높다
高い
Q1 建物が高いです。【ヘヨ体】
건물이 (　　　　　).

マンタ
많다
多い
Q2 ソウルは人が多いです。【ハムニダ体】
서울은 사람이 (　　　　　).

スィダ
쉬다
休む
Q3 公園で休みます。【ヘヨ体】
공원에서 (　　　　　).

ッチクタ
찍다
撮る
Q4 VLOGを撮ります。【ハムニダ体】
V로그를 (　　　　　).

ピッサダ
비싸다
(値段が)高い
Q5 韓国旅行は高いです。【ヘヨ体】
한국 여행은 (　　　　　).

+α単語
プラスアルファ

キムチチゲ	キムチッチゲ 김치찌게
建物	コンムル 건물
高い	ノプタ 높다
低い	ナッタ 낮다
ソウル	ソウル 서울
多い	マンタ 많다
公園	コンウォン 공원
休む	スィダ 쉬다
VLOG	ブイログ V로그
韓国旅行	ハングク ヨヘン 한국 여행
(値段が)高い	ピッサダ 비싸다
安い	ッサダ 싸다

~~~ ANSWER ~~~

答え
A1 コンムリ ノパヨ
건물이 (높아요).

A2 ソウルン サラミ マンスムニダ
서울은 사람이 (많습니다).

A3 コンウォネソ スィオヨ
공원에서 (쉬어요).

A4 ブイログルル ッチクスムニダ
V로그를 (찍습니다).

A5 ハングク ヨヘンウン ピッサヨ
한국 여행은 (비싸요).

STEP UP!

急に難しくなっちゃった……
効率よく覚えるコツはある?

まず、本を見て理解したら、実際に書いてみるのが大事。見る→理解する→書くを繰り返すとしっかり身について、使えるようになるよ。

過去形 〜でした／しました

HOW TO USE 感想や体験したことを伝えるとき

過去の体験や行動、様子などを伝える表現です。過去形が使えると、「今日は
〜をしました」など過去の出来事を伝えられるだけでなく、「映画が面白かった
です」など、体験に基づく感想も表現できるように。

ハムニダ体

ッスムニダ

아/어形+ㅆ습니다

（かしこまった）〜でした・ました

ヘヨ体

ッソヨ

아/어形+ㅆ어요

（やわらかい）〜でした・ました

※아/어形についてはP.65を参照してください。

scene
SNSの投稿

イ　ハングゥ　ヨンファヌン　チェミイッソッスムニダ
이 한국 영화는 재미있었습니다.
イ　ハングゥ　ヨンファヌン　チェミイッソッソヨ
이 한국 영화는 재미있었어요.

この韓国映画は面白かったです。

QUESTION

아/어形+ㅆ습니다、아/어形+ㅆ어요 を
使って文章を完成させましょう。

原型	問題

バッタ
받다
受け取る

Q1 プレゼントを受け取りました。【ヘヨ体】

선물을(　　　　　).

トルダ
돌다
巡る

Q2 カフェを巡りました。【ヘヨ体】

카페를(　　　　　).

イプタ
입다
着る

Q3 韓服を着ました。【ハムニダ体】 memo

한복을(　　　　　).

サダ
사다
買う

Q4 推しのアルバムを買いました。【ヘヨ体】

최애의 앨범을(　　　　　).

ッチャルタ
짧다
短い

Q5 今回の曲は短かったです。【ハムニダ体】

이번 곡은(　　　　　).

memo 韓服は韓国の伝統衣装のこと。韓国ではチマ
チョゴリという言い方はあまりしません。

＋α単語 (プラスアルファ)

韓国映画	ハングク ヨンファ **한국 영화**
面白い	チェミイッタ **재미있다**
プレゼント	ソンムル **선물**
受け取る もらう	バッタ **받다**
カフェ	カペ **카페**
巡る	トルダ **돌다**
韓服	ハンボク **한복**
着る	イプタ **입다**
アルバム	エルボム **앨범**
買う	サダ **사다**
今回	イボン **이번**
短い	ッチャルタ **짧다**

ANSWER

答え

ソンムルル　パダッソヨ
A1 **선물을(받았어요).**

カペルル　トラッソヨ
A2 **카페를(돌았어요).**

ハンボグル　イボッスムニダ
A3 **한복을(입었습니다).**

チュェエエ　エルボムル　サッソヨ
A4 **최애의 앨범을(샀어요).**

イボン　コグン　ッチャルバッスムニダ
A5 **이번 곡은(짧았습니다).**

STEP UP!

これもヘヨ体の疑問形は語
尾に「？」をつけるだけ？

その通り。よく使うのが **밥**
먹었어요？(ごはん食べまし
たか？)とか、**밥 먹었어？**(ご
飯食べた？)という言い方。
あいさつ代わりに使うよ。

未来形 ～するつもりです

HOW TO USE 考えや予定、推測を伝えるとき

未来を表す表現はいろいろありますが、もっともシンプルな言い方。主語が1人称（自分）で動詞を使う場合ははっきりとした意思や計画を表し、形容詞を使うときや、主語が1人称以外のときは、推測を表します。

ハムニダ体

ゲッスムニダ
語幹 + 겠습니다

（かしこまった）～するつもりです

ヘヨ体

ゲッソヨ
語幹 + 겠어요

（やわらかい）～するつもりです

scene
家での過ごし方

オヌルン　チェグル　イルケッスムニダ
오늘은 책을 읽겠습니다.

オヌルン　チェグル　イルケッソヨ
오늘은 책을 읽겠어요.

今日は本を読むつもりです。

~~~ QUESTION ~~~

-겠습니다、-겠어요 を使って
文章を完成させましょう。

原型	問題

カダ
가다
行く

Q1 来年はライブに行くつもりです。【ヘヨ体】
내년은 라이브에(　　　　　).

ウンウォナダ
응원하다
応援する

Q2 ずっと応援するつもりです。【ハムニダ体】
계속(　　　　　).

ボダ
보다
見る

Q3 友達とDVDを見るつもりです。【ハムニダ体】
친구와 DVD를(　　　　　).

マクタ
맑다
晴れる

Q4 明日は晴れるでしょう。【ヘヨ体】
내일은(　　　　　).

モクタ
먹다
食べる

Q5 いただきます。【ハムニダ体】 **memo**
잘(　　　　　).

memo 直訳は「おいしく食べます」の意味。あいさつと
して定着している言葉にもこの文法が使われ
ています。

~~~ ANSWER ~~~

答え

ネニョヌン　ライブエ　カゲッソヨ
A1 **내년은 라이브에(가겠어요).**

ケソク　ウンウォナゲッスムニダ
A2 **계속(응원하겠습니다).**

チングワ　ディブイディルル　ポゲッスムニダ
A3 **친구와 DVD를(보겠습니다).**

ネイルン　マルケッソヨ
A4 **내일은(맑겠어요).**

チャル　モッケッスムニダ
A5 **잘(먹겠습니다).**

プラスアルファ
+α単語

本	チェク **책**
読む	イッタ **읽다**
来年	ネニョン **내년**
今年	オレ **올해**
去年	チャンニョン **작년**
ずっと	ケソク **계속**
応援する	ウンウォナダ **응원하다**
明日	ネイル **내일**
明後日	モレ **모레**
晴れる	マクタ **맑다**
曇る	フリダ **흐리다**
見る	ボダ **보다**

STEP UP!

「私は」って主語は省略して
いる？

韓国語は日本語と同様に、
文脈から意味が通じる場合
は主語、とくに1人称を省くこ
とが多いよ。

現在進行形 〜しています

HOW TO USE 今この瞬間の状況や行動を伝えるとき

「〜しています」と、現在進行中の動作を表し、形容詞には使いません。「電車に乗っています」など、今まさに進行中の動作を伝えるときによく使われます。

ハムニダ体

ゴ　　　　イッスムニダ
語幹 + 고 있습니다

（かしこまった）〜しています

ヘヨ体

ゴ　　イッソヨ
語幹 + 고 있어요

（やわらかい）〜しています

チグム　カゴ　イッスムニダ
지금 가고 있습니다.

チグム　カゴ　イッソヨ
지금 가고 있어요.

今、向かっています。

scene
移動中のファン

QUESTION

-고 있습니다、-고 있어요 を使って
文章を完成させましょう。

原型	問題

チョヌァハダ
전화하다
電話する

Q1 友達と電話しています。【ハムニダ体】
친구랑 전화(　　　　　).

チャッタ
찾다
探す

Q2 ライブ会場を探しています。【ハムニダ体】
라이브 공연장을(　　　　　).

タダ
타다
乗る

Q3 電車に乗っています。【ヘヨ体】
전철을(　　　　　).

ペウダ
배우다
学ぶ、習う

Q4 韓国語を学んでいます。【ヘヨ体】
한국어를(　　　　　).

オダ
오다
降る

Q5 雨が降っています。【ヘヨ体】 memo
비가(　　　　　).

> memo 오다(オダ)は「来る」という意味もあります。
> 混乱しやすいので注意。

＋α単語 プラスアルファ

行く、向かう	**カダ** 가다
電話する	**チョヌァハダ** 전화하다
ライブ会場	**ライブ コンヨンジャン** 라이브 공연장
探す	**チャッタ** 찾다
乗る	**タダ** 타다
韓国語	**ハングゴ** 한국어
日本語	**イルボノ** 일본어
学ぶ、習う	**ペウダ** 배우다
雨	**ピ** 비
来る、降る	**オダ** 오다
走る、跳ねる	**トゥィダ** 뛰다
持つ	**カッタ** 갖다

ANSWER

答え

A1 **チングラン　チョヌァハゴ　イッスムニダ**
친구랑 전화(하고 있습니다).

A2 **ライブ　コンヨンジャンウル　チャッコ　イッスムニダ**
라이브 공연장을(찾고 있습니다).

A3 **チョンチョルル　タゴ　イッソヨ**
전철을(타고 있어요).

A4 **ハングゴルル　ペウゴ　イッソヨ**
한국어를(배우고 있어요).

A5 **ピガ　オゴ　イッソヨ**
비가(오고 있어요).

STEP UP!

日本語で「勉強します」と言うと未来のことを表すけど、韓国語の現在形の「공부합니다」（勉強します）は現在やっていることを表すからそのままでもよく使うよ。現在進行形「공부하고 있습니다」（勉強しています）は、今やっていることを強調するイメージ。

副詞①

HOW TO USE 気持ちを強調したり、具体的に伝えたりするとき

強調を表す副詞と「一緒に」という意味の副詞をまとめました。感情表現に欠かせない単語なので、V LIVEやドラマなどでもよく登場します。

強調	とても、すごく	アジュ 아주	アジュ チュウォッスムニダ 아주 추웠습니다.	とても寒かったです。
	とても、 あまりにも	ノム 너무	ノム シロヨ 너무 싫어요.	とてもいやです。 **memo**
	めっちゃ、すごく	オムチョン 엄청	オムチョン クィヨウォヨ 엄청 귀여워요.	めっちゃかわいいです。
	よく、上手に	チャル 잘	チャル ポイムニダ 잘 보입니다.	よく見えます。
	たくさん、多く	マニ 많이	マニ イッソヨ 많이 있어요.	たくさんあります。
	本当に、マジで	チンッチャ 진짜	チンッチャ モシッタ 진짜 멋있다.	本当にかっこいい。
	本当に、とても	チョンマル 정말	チョンマル プロウォヨ 정말 부러워요.	本当にうらやましいです。

memo 本来は否定的なことにつけて使う言葉でしたが、肯定的に使われることも一般的になり、会話でよく使います。

一緒に	一緒に、 〜のように	カチ 같이	クプシグル カチ モクスムニダ 급식을 같이 먹습니다.	給食を一緒に食べます。
	一緒に、共に	ハムッケ 함께	チングワ ハムッケ ノラヨ 친구와 함께 놀아요	友達と一緒に 遊びます。 **memo**

memo 같이のほうが会話でよく使われ、함께のほうはややかたい印象。文章でよく使われます。

~~~~~~ QUESTION ~~~~~~

適切な副詞を選び、文章を完成させましょう。

Q1 トッポキがめっちゃおいしいです。
떡볶이가 (엄청/같이) 맛있어요.

Q2 脚がとても長いです。
다리가 (함께/정말) 길어요.

Q3 一緒に勉強するつもりです。
(같이/너무) 공부하겠어요.

Q4 グッズをたくさん買いました。
굿즈를 (진짜/많이) 샀습니다.

Q5 歌を上手に歌いました。
노래를 (잘/너무) 불렀습니다.

+α単語 プラスアルファ

寒い	チュプタ 춥다
暑い	トプタ 덥다
かわいい	クィヨプタ 귀엽다
うらやましい	プロプタ 부럽다
給食	クプシク 급식
遊ぶ	ノルダ 놀다
脚	タリ 다리
長い	キルダ 길다
大きい	クダ 크다
勉強する	コンブハダ 공부하다
グッズ	クッジュ 굿즈
商品	サンプム 상품

~~~~~~ ANSWER ~~~~~~

答え
A1 　トクポッキガ　オムチョン　マシッソヨ
　　떡볶이가 (엄청) 맛있어요.
A2 　タリガ　チョンマル　キロヨ
　　다리가 (정말) 길어요.
A3 　カチ　コンブハゲッソヨ
　　(같이) 공부하겠어요.
A4 　クッジュルル　マニ　サッスムニダ
　　굿즈를 (많이) 샀습니다.
A5 　ノレルル　チャル　プルロッスムニダ
　　노래를 (잘) 불렀습니다.

STEP UP!

같이 (一緒に) って、ドラマに
よく出てくる気がする!

「같이 가~」(一緒に行こう) と
か、「같이 먹자」(一緒に食
べよう) とかよく聞くよね。行
動を共にするのは韓国独特
の文化かもしれないね。

副詞②

HOW TO USE 頻度や速度、熱意などを伝えるとき

先に、早く、ゆっくり、また、ずっとなどの順序や速度、継続性を表したり、一生懸命など、熱意を表したりする副詞をまとめました。

先に	モンジョ **먼저**	モンジョ シルレハムニダ 먼저 실례합니다.	お先に失礼します。
また、 もう一度	タシ **다시**	タシ ブタカムニダ 다시 부탁합니다.	もう一度お願いします。
また	ット **또**	ット マンナヨ 또 만나요.	また会いましょう。

memo **다시**は"改めてもう一回"というニュアンス、**또**は"さらに"というニュアンスが含まれます。

はやく	ッパルリ **빨리**	ッパルリ ライブエ カゴ シボヨ 빨리 라이브에 가고 싶어요.	はやくライブに 行きたいです。

memo 「早く」「速く」、どちらの意味でも使い、"急ぐ"というニュアンスがあります。

ゆっくり	チョンチョニ **천천히**	チョンチョニ モクスムニダ 천천히 먹습니다.	ゆっくり食べます。
ずっと	ケソク **계속**	ケソク チャゴ イッソヨ 계속 자고 있어요.	ずっと寝ています。
永遠に	ヨンウォニ **영원히**	ヨンウォニ ハムッケ イッソヨ 영원히 함께 있어요.	永遠に共にいます。
なんとなく、 ただ	クニャン **그냥**	クニャン チングエヨ 그냥 친구예요.	ただの友達です。
一生懸命	ヨルシミ **열심히**	ヨルシミ ハゲッスムニダ 열심히 하겠습니다.	一生懸命やります。

～ QUESTION ～

適切な副詞を選び、文章を完成させましょう。

Q1 先にライブ会場に入ります。
（계속/먼저）라이브 공연장에
들어갑니다.

Q2 また来ます。
（또/빨리）오겠습니다.

Q3 みんなにはやく会いたいです。
여러분과（그냥/빨리）만나고 싶어요.

Q4 アイドルを永遠に応援します。
아이돌을（천천히/영원히）응원합니다.

Q5 韓国語を一生懸命勉強しています。
한국어를（열심히/영원히）공부하고
있습니다.

＋α単語 （プラスアルファ）

失礼	실례 （シルレ）
お願いする	부탁하다 （ブタカダ）
みんな	여러분 （ヨロブン）
後で	나중에 （ナジュンエ）
たまに	가끔 （カックム）
時々	때때로 （ッテッテロ）
いつも	항상 （ハンサン）
ついに	드디어 （トゥディオ）
当然	당연히 （タンヨニ）
すぐ	곧 （コッ）
急いで	급히 （クピ）
静かに	조용히 （チョヨンヒ）

～ ANSWER ～

答え A1 （먼저）라이브 공연장에 들어갑니다.
モンジョ ライブ コンヨンジャンエ トゥロガムニダ

A2 （또）오겠습니다.
ット オゲッスムニダ

A3 여러분과（빨리）만나고 싶어요.
ヨロブングァ ッパルリ マンナゴ シポヨ

A4 아이돌을（영원히）응원합니다.
アイドルル ヨンウォニ ウンウォナムニダ

A5 한국어를（열심히）공부하고 있습니다.
ハングゴルル ヨルシミ コンブハゴ イッスムニダ

STEP UP!

그냥은 단독으로도 사용할 수 있나요?
그냥は単独でも使えるの？

「なんとなく」とか「別に」みたいな意味の返事でよく使うよ。ただし、頻繁に使うと素っ気ない印象になるから気をつけて。

疑問詞 ①

HOW TO USE 人、理由、場所、値段、時間などをたずねるとき

人や理由、場所、値段、時間などをたずねる疑問詞をマスターしましょう。待ち合わせの約束をしたり、買い物をしたりするときにも便利。少しぞんざいな言い方にはなりますが、単独で「?」をつけるだけでも使えます。

誰/どなた	누구 ヌグ	누구세요? ヌグセヨ	どなたですか?

memo 「誰に」は**누구에게**(ヌグエゲ)、「誰と」は**누구하고**(ヌグハゴ)のように基本的に助詞と組み合わせて使えますが、「誰が」というときは**누가**(ヌガ)になることに注意。

なぜ	왜 ウェ	왜 울어요? ウェ ウロヨ	なぜ 泣いているんですか?
どこ	어디 オディ	오늘은 어디 가요? オヌルン オディ カヨ	今日はどこに 行きますか?

memo 「どこに」というときは「に」にあたる「에」は付けないことに注意しましょう。「どこで」というときは**어디서**(オディソ)となります。

いくら	얼마 オルマ	얼마예요? オルマエヨ	いくらですか?
いつ	언제 オンジェ	언제 끝나요? オンジェ ックンナヨ	いつ終わりますか?

~~~~~ QUESTION ~~~~~

~~~~~ QUESTION ~~~~~

次の（ ）に適切な疑問詞を入れ、
文章を完成させましょう。

Q1 誰を好きですか？
　　（　　　）를 좋아해요?

Q2 チケットはいくらですか？
　　티켓은（　　　）입니까?

Q3 日本ツアーはいつまでですか？
　　일본 투어는（　　　）까지입니까?

Q4 おすすめの旅行先はどこですか？
　　추천 여행지는（　　　）입니까?

Q5 どうしましたか？ **memo**
　　（　　　）그래요?

memo 直訳は「なぜそうなんですか？」という意味。

＋α単語 （プラスアルファ）

ツアー	トゥオ 투어
おすすめ	チュチョン 추천
旅行先	ヨヘンジ 여행지
どうしたの？	ウェ グレ 왜 그래?
誰でも	ヌグドゥンジ 누구든지
なぜなら	ウェニャハミョン 왜냐하면
どこでも	オディドゥンジ 어디든지
いくらでも	オルマドゥンジ 얼마든지
いつでも	オンジェドゥンジ 언제든지
いつか	オンジェンガ 언젠가
いつから	オンジェブト 언제부터
いつまで	オンジェッカジ 언제까지

~~~~~ ANSWER ~~~~~

答え

A1 ヌグルル　チョアヘヨ
（누구）를 좋아해요?

A2 ティケスン　オルマイムニッカ
티켓은（얼마）입니까?

A3 イルボン　トゥオヌン　オンジェッカジイムニッカ
일본 투어는（언제）까지입니까?

A4 チュチョン　ヨヘンジヌン　オディイムニッカ
추천 여행지는（어디）입니까?

A5 ウェ　グレヨ
（왜）그래요?

STEP UP!

얼마는 値段を聞くとき以外に
も使えるの？

値段を聞く「얼마예요?」（いく
らですか？）の他に、「얼마나
걸려요?」（どのくらいかかりま
すか？）と聞くと、時間や距離
をたずねる意味になるよ。

疑問詞②

HOW TO USE 物事の詳細や選択をたずねるとき

何、何の、どの、いくつ、どんな、どうやってなど、物事の詳細をたずねるときに使う疑問詞です。好きなことをたずねたり、年齢を聞いたりするなど、日常会話に欠かせない単語ばかりです。

何	ムオッ ムオ 무엇/뭐+助詞	ムォ ハゴ イッソヨ 뭐 하고 있어요?	何を してるんですか?

memo 뭐は무엇の省略形で、会話では뭐をよく使います。뭐가(何が)、뭐를(何を)など助詞と組み合わせて使いますが、省略されることも。

何/何の/ 何か	ムスン 무슨+名詞	ムスン マリムニッカ 무슨 말입니까?	何の話ですか?

memo 무슨 말(何の話)、무슨 요일(何曜日)など、あとに名詞をつけて使います。人を表す名詞には使いません。

何/いくつ	ミョッ 몇+助数詞	ミョッ サリムニッカ 몇 살입니까?	何歳ですか?
どんな	オットン 어떤	オットン サラミムニッカ 어떤 사람입니까?	どんな人ですか?
どう/ どうやって	オットケ 어떻게	オットケ アラッソヨ 어떻게 알았어요!?	どうやって わかったんですか!?

memo 直訳すると「どうやって」、英語のHowの意味ですが、「どうして」に近い使い方をすることもよくあります。

どの/どれ	オヌ 어느	オヌ チョンドイムニッカ 어느 정도입니까?	どのくらいですか?

次の( )に適切な疑問詞を入れ、
文章を完成させましょう。

Q1 何が食べたいですか?

( )를 먹고 싶어요?

Q2 何か問題がありましたか?

( )문제가 있었어요?

Q3 次回のライブはどんな衣装を着ますか?

다음 라이브는( )의상을 입어요?

Q4 今、韓国は何時ですか?

지금 한국은( )시입니까?

Q5 このアイドルはどの事務所の所属ですか?

이 아이돌은( )기획사
소속입니까?

＋α単語 プラスアルファ

何より	ムオッポダ 무엇보다
何のこと	ムスン ソリ 무슨 소리
何歳	ミョッ サル 몇 살
何個	ミョッ ケ 몇 개
どんな人	オットン サラム 어떤 사람
どんなこと	オットン イル 어떤 일
～方面、 ～側	ッチョク 쪽
どちら	オヌ ッチョク 어느 쪽
問題	ムンジェ 문제
衣装	ウィサン 의상
事務所	キフェクサ 기획사
所属	ソソク 소속

~~~~~~ ANSWER ~~~~~~

答え A1
ムォルル モッコ シボヨ
(뭐)를 먹고 싶어요?

A2
ムスン ムンジェガ イッソッソヨ
(무슨)문제가 있었어요?

A3
タウム ライブヌン オットン ウィサヌル イボヨ
다음 라이브는(어떤)의상을 입어요?

A4
チグム ハンググン ミョッ シイムニッカ
지금 한국은(몇)시입니까?

A5
イ アイドルン オヌ キフェクサ ソソギムニッカ
이 아이돌은(어느)기획사
소속입니까?

STEP UP!

어떻게는 前述した使い方以外
にも、나이가 어떻게 되세요?(年
がどうなっていらっしゃいま
すか→年はおいくつです
か?)と使うこともできるん
だ! 몇 살이에요?(何歳で
すか?)より丁寧な聞き方にな
るよ。

Q1 | 次の日本語を韓国語にしましょう。 P62

1 行きます（行く＝가다） ［ハムニダ体］ （　　　　　）

2 多いです（多い＝많다） ［ヘヨ体］ （　　　　　）

3 安いです（安い＝싸다） ［ヘヨ体］ （　　　　　）

Q2 | 次の動詞を活用に注意しながらヘヨ体にしましょう。 P64

1 なります（なる＝되다） （　　　　　）

2 送ります（送る＝보내다） （　　　　　）

3 立ちます（立つ＝서다） （　　　　　）

4 来ます（来る＝오다） （　　　　　）

5 あげます（あげる＝주다） （　　　　　）

6 点けます（点ける＝켜다） （　　　　　）

Q3 | 次の日本語を韓国語にしましょう。 P70

1 食べました（食べる＝먹다） ［ヘヨ体］ （　　　　　）

2 連絡しました（連絡する＝연락하다） ［ハムニダ体］ （　　　　　）

3 面白かったです（面白い＝재미있다） ［ヘヨ体］ （　　　　　）

Q4 | 次の日本語を韓国語にしましょう。 P72

1 見るつもりです（見る＝보다） ［ハムニダ体］ （　　　　　）

2 読むつもりです（読む＝읽다） ［ハムニダ体］ （　　　　　）

3 勉強するつもりです（勉強する＝공부하다） ［ヘヨ体］ （　　　　　）

Q5 | 次の( )に適切な語句を入れ、文章を完成させましょう。 P74

1 韓国語を習っています。(習う=배우다) ［ハムニダ体］ 한국어를( ).

2 友達を探しています。(探す=찾다) ［ヘヨ体］ 친구를( ).

3 公園で休んでいます。(休む=쉬다) ［ハムニダ体］ 공원에서( ).

Q6 | 語群から適切な語句を選び、文章を完成させましょう。 P76

語群 너무、같이、잘

1 頭がとても痛いです。 머리가( )아파요.

2 昨日はよく寝ましたか? 어제는( )잤어요?

3 友達と学校に一緒に行きます。 친구랑 학교에( )갑니다.

Q7 | 次の日本語を韓国語にしましょう。 P80 P82

1 どこ ( ) 6 どの ( )

2 なぜ ( ) 7 どうやって ( )

3 いくら ( ) 8 どんな ( )

4 いつ ( ) 9 いくつ ( )

5 誰 ( ) 10 何の ( )

答え

Q1 1갑니다／2많아요／3싸요

Q2 1돼요／2보내요／3서요／4와요／5줘요／6켜요

Q3 1먹었어요／2연락했습니다／3재미있었어요

Q4 1보겠습니다／2읽겠습니다／3공부하겠어요

Q5 1배우고 있습니다／2찾고 있어요／3쉬고 있습니다

Q6 1너무／2잘／3같이

Q7 1어디／2왜／3얼마／4언제／5누구／6어느／7어떻게／8어떤／9몇／10무슨

数詞

韓国語の数詞には、日本語の「いち、に、さん」にあたる漢数詞と「ひとつ、ふた
つ、みっつ」にあたる固有数詞の2種類があります。助数詞によってどちらを使
うか決まっているので、それぞれの数字とセットで覚えましょう。

● 漢数詞

年月や時間の「分、秒」、電話番号、住所、値段などを表すときに使います。

1	2	3	4	5	6	7	8	9	10
イル	イ	サム	サ	オ	ユク	チル	パル	ク	シプ
일	이	삼	사	오	육	칠	팔	구	십

11	12	13	14	15	16	17	18	19	20
シビル	シビ	シプサム	シプサ	シボ	シムニュク	シプチル	シプパル	シプク	イシプ
십일	십이	십삼	십사	십오	십육	십칠	십팔	십구	이십

30	40	50	60	70	80	90	100	千	万
サムシプ	サシプ	オシプ	ユクシプ	チルシプ	パルシプ	クシプ	ペク	チョン	マン
삼십	사십	오십	육십	칠십	팔십	구십	백	천	만

分	秒	ウォン
プン	チョ	ウォン
분	초	원

● 固有数詞

時間の「時」、年齢、ものの個数や人数などを表すときなどに使います。100以
上は漢数詞になります。助数詞がついたときは（ ）内の語句を使います。

1	2	3	4	5	6	7	8	9	10
ハナ(ハン)	トゥル(トゥ)	セッ(セ)	ネッ(ネ)	タソッ	ヨソッ	イルゴプ	ヨドル	アホプ	ヨル
하나(한)	둘(두)	셋(세)	넷(네)	다섯	여섯	일곱	여덟	아홉	열

11	12	13	14	15	16	17	18	19	20
ヨラナ	ヨルトゥル	ヨルセッ	ヨルネッ	ヨルタソッ	ヨルリョソッ	ヨルリルゴプ	ヨルリョドル	ヨラホプ	スムル(スム)
열하나	열둘	열셋	열넷	열다섯	열여섯	열일곱	열여덟	열아홉	스물(스무)

30	40	50	60	70	80	90	時	歳	個
ソルン	マフン	シュィン	イェスン	イルン	ヨドゥン	アフン	シ	サル	ケ
서른	마흔	쉰	예순	일흔	여든	아흔	시	살	개

気持ちを伝える表現

コミュニケーション力アップ！

未来／意思／推測

HOW TO USE 未来の予定や意思、推測を伝えるとき

「〜するつもりです」という意思や予定を表し、主語に形容詞を使うときや、
1人称以外のときは「〜するでしょう」など推測を表します。

ハムニダ体

パッチム
あり　**語幹** + ウル**을** コムニダ**겁니다**

パッチム
なし　**語幹** + ル**ㄹ** コムニダ**겁니다**

（かしこまった）
〜するつもりです／するでしょう

ヘヨ体

パッチム
あり　**語幹** + ウル**을** コエヨ**거예요**

パッチム
なし　**語幹** + ル**ㄹ** コエヨ**거예요**

（やわらかい）
〜するつもりです／するでしょう

scene
恋愛

ネイルン　ユウォンジエ　カル　コムニダ
내일은 유원지에 갈 겁니다.

ネイルン　ユウォンジエ　カル　コエヨ
내일은 유원지에 갈 거예요.

明日は遊園地に行くつもりです。

~~~ QUESTION ~~~

-을/ㄹ 겁니다、-을/ㄹ 거예요 を使って
文章を完成させましょう。

原型	問題

ッチクタ
찍다
撮る

Q1 記念写真を撮るつもりです。【ハムニダ体】
기념사진을 (   ).

サダ
사다
買う

Q2 指輪を買うつもりです。【ヘヨ体】
반지를 (   ).

キョロナダ
결혼하다
結婚する

Q3 私たちは結婚するつもりです。【ハムニダ体】
우리는 결혼 (   ).

マンナダ
만나다
会う

Q4 両親に会うつもりです。【ハムニダ体】
부모님을 (   ).

キッポハダ
기뻐하다
喜ぶ

Q5 彼らは喜ぶでしょう。【ヘヨ体】
그들은 기뻐 (   ).

プラスアルファ
+α単語

遊園地	ユウォンジ 유원지
動物園	トンムルォン 동물원
水族館	スジョックァン 수족관
記念	キニョム 기념
写真	サジン 사진
撮る	ッチクタ 찍다
指輪	パンジ 반지
ネックレス	モッコリ 목걸이
結婚する	キョロナダ 결혼하다
両親	プモニム 부모님
彼ら	クドゥル 그들
喜ぶ	キッポハダ 기뻐하다

~~~ ANSWER ~~~

答え

キニョムサジヌル ッチグル コムニダ
A1 **기념사진을 (찍을 겁니다).**

パンジルル サル コエヨ
A2 **반지를 (살 거예요).**

ウリヌン キョロン ハル コムニダ
A3 **우리는 결혼 (할 겁니다).**

プモニムル マンナル コムニダ
A4 **부모님을 (만날 겁니다).**

クドゥルン キッポハル コエヨ
A5 **그들은 기뻐 (할 거예요).**

STEP UP!

3章のP.72で習った겠とは、
具体的にどう違うの?

どちらも話し手の意思を表すけど、
겠のほうが強いニュアンス。「제가
チェガ
가겠어요」、「제가 갈 거예요」は前
カゲッソヨ   チェガ カル コエヨ
者は「進んで行く」、後者は「行く予
定」ぐらいのイメージかな。

89

丁寧な指示

HOW TO USE 相手に何かを指示したり、知らせたりするとき

「〜される」「〜でいらっしゃる」などの尊敬表現（詳細はP.128）のヘヨ体は、状況によって丁寧な指示の意味としてよく使われます。

ヘヨ体

パッチムあり　語幹 + **으세요**（ウセヨ）

パッチムなし　語幹 + **세요**（セヨ）

〜してください

※尊敬表現としてのハムニダ体
「（パッチムあり）이십니다」（イシムニダ）
「（パッチムなし）십니다」（シムニダ）もありますが、指示の意味では使えません。

イ　アンネルル　チャル　ポセヨ
이 안내를 잘 보세요.

この案内をよく見てください。

scene
ライブ中の指示

QUESTION

-으세요 / -세요 を使って
文章を完成させましょう。

原型	問題

앉다（アンタ）
座る

Q1 みなさん座ってください。

여러분（　　　　　　）．

내다（ネダ）
出す

Q2 もっと声を出してください。

더 목소리를（　　　　　　）．

확인하다（ファギナダ）
確認する

Q3 座席を確認してください。

좌석을（　　　　　　）．

가다（カダ）
進む

Q4 前へ進んでください。 memo

앞으로（　　　　　　）．

들어가다（トゥロガダ）
入っていく

Q5 会場に入ってください。

회장에（　　　　　　）．

> memo　**가다**（カダ）＝「行く」は、状況によって「進む」
> という意味になります。

+α単語 プラスアルファ

案内	안내（アンネ）
座る	앉다（アンタ）
立つ	서다（ソダ）
もっと	더（ト）
声	목소리（モクソリ）
出す	내다（ネダ）
座席	좌석（チュアソク）
確認する	확인하다（ファギナダ）
前へ	앞으로（アプロ）
後ろへ	뒤로（トゥィロ）
入っていく	들어가다（トゥロガダ）
入ってくる	들어오다（トゥロオダ）

ANSWER

答え

A1 **여러분（앉으세요）.**
ヨロブン　アンジュセヨ

A2 **더 목소리를（내세요）.**
ト　モクソリルル　ネセヨ

A3 **좌석을（확인하세요）.**
チュアソグル　ファギナセヨ

A4 **앞으로（가세요）.**
アプロ　カセヨ

A5 **회장에（들어가세요）.**
フェジャンエ　トゥロガセヨ

STEP UP!

もっとかしこまった言い方は
あるの？

あるよ！「してください」は
「～십시오」という表現もあっ
て日常会話ではあまり使わな
いけど、駅や空港の表示、車
内放送などでよく使われるよ！

お願い

HOW TO USE **自分のために相手に何かをしてほしいとき**

주다(あげる)という動詞の尊敬表現をヘヨ体にした**주세요**(ください)。動詞と組み合わせて、「〜してください」という意味でよく使います。「写真を撮ってください」など、ファン活動に欠かせない表現です。

ヘヨ体

通常の勧誘 아/어形 + 주세요(ジュセヨ)

하다動詞 하다の前の語句 + 해(ヘ) 주세요(ジュセヨ)

〜してください

scene
ファンミーティング

ソンムル パダジュセヨ
선물, 받아 주세요.
プレゼント、受け取ってください。

-아/어 주세요、-해 주세요 を使って
文章を完成させましょう。

原型	問題

ソナトゥハダ
손하트하다
指ハートする
Q1 指ハートしてください。
손하트(　　　　　　　).

ウィンクハダ
윙크하다
ウインクする
Q2 ウインクしてください。
윙크(　　　　　　　).

イクタ
읽다
読む
Q3 手紙を読んでください。
편지를(　　　　　　　).

カルチダ
가르치다
教える
Q4 韓国語を教えてください。
한국어를(　　　　　　　).

トプタ
돕다
手伝う
Q5 ちょっと手伝ってください。
좀(　　　　　　　).

+α単語（プラスアルファ）

指ハートする	ソナトゥハダ 손하트하다
ウインクする	ウィンクハダ 윙크하다
投げキスする	ソンキスハダ 손키스하다
サインする	サインハダ 사인하다
愛嬌	エギョ 애교
手紙	ピョンジ 편지
メッセージ	メシジ 메시지
名前	イルム 이름
教える	カルチダ 가르치다
説明する	ソルミョンハダ 설명하다
ちょっと	チョム 좀
手伝う	トプタ 돕다

答え

A1 ソナトゥ ヘ ジュセヨ
손하트(해 주세요).

A2 ウィンク ヘ ジュセヨ
윙크(해 주세요).

A3 ピョンジルル イルゴ ジュセヨ
편지를(읽어 주세요).

A4 ハングゴルル カルチョ ジュセヨ
한국어를(가르쳐 주세요).

A5 チョム トワジュセヨ
좀(도와주세요).

STEP UP!

「주세요」（チュセヨ）（ください）はお店の注文などでも使えるの？

よく使うよ。前に名詞をそのままつけて「맥주 주세요」（メクチュ ジュセヨ）（ビールください）とか、「커피 주세요」（コピ ジュセヨ）（コーヒーください）とか。覚えておくとすごく便利な表現だよ。

希望

HOW TO USE 自分や相手の希望や願望を伝えるとき

自分がしたいことを伝えたり、相手の希望を聞いたりする表現です。動詞は活用せず、語幹にそのまま「**고 싶다**（ゴ シプタ）」をつけるだけだから簡単。やりたいこと、食べたいものなど、気持ちを積極的に伝えてみましょう!

ハムニダ体	ヘヨ体
語幹 + **고 싶습니다** （ゴ シプスムニダ） （かしこまった）〜したいです	語幹 + **고 싶어요** （ゴ シポヨ） （やわらかい）〜したいです

オヌレ ティエマイルル アルゴ シプスムニダ
오늘의 TMI를 알고 싶습니다.

オヌレ ティエマイルル アルゴ シポヨ
오늘의 TMI를 알고 싶어요.

今日のTMIを知りたいです。 memo

scene
ヨントン（ビデオ通話）

memo TMIはToo much information（多すぎる情報）の略で、ささいな情報のことを指します。

QUESTION

-고 싶습니다、-고 싶어요 を使って
文章を完成させましょう。

原型	問題

ボダ
보다
会う

Q1 早く会いたいです。【ヘヨ体】

빨리（　　　　　　　　）.

ッチクタ
찍다
撮る

Q2 一緒に写真を撮りたいです。【ハムニダ体】

같이 사진을（　　　　　　　　）.

ハダ
하다
する

Q3 次の休みは何をしたいですか?【ヘヨ体】

다음 휴일은 뭐（　　　　　　　　）?

カダ
가다
行く

Q4 またライブに行きたいです。【ヘヨ体】

다시 라이브에（　　　　　　　　）.

ブルダ
부르다
歌う、呼ぶ

Q5 一緒に歌を歌いたいです。【ハムニダ体】 memo

같이 노래를（　　　　　　　　）.

memo 一般的な「歌う」は**노래하다**（ノレハダ）を使い、本格的な歌唱の「歌う」は**부르다**（ブルダ）を使います。

+α 単語 （プラスアルファ）

早く／速く	ッパルリ	빨리
趣味	チュィミ	취미
特技	トゥッキ	특기
出身	チュルシン	출신
マイブーム	マイブム	마이붐
知る	アルダ	알다
次の	タウム	다음
前の	チョン	전
歌	ノレ	노래
歌う、呼ぶ	ブルダ	부르다
歌う	ノレハダ	노래하다
歌を歌う	ノレルル ブルダ	노래를 부르다

ANSWER

答え

ッパルリ ボゴ シボヨ
A1 **빨리（보고 싶어요）.**

カチ サジヌル ッチッコ シブスムニダ
A2 **같이 사진을（찍고 싶습니다）.**

タウム ヒュイルン モォ ハゴ シボヨ
A3 **다음 휴일은 뭐（하고 싶어요）?**

タシ ライブエ カゴ シボヨ
A4 **다시 라이브에（가고 싶어요）.**

カチ ノレルル ブルゴ シブスムニダ
A5 **같이 노래를（부르고 싶습니다）.**

STEP UP!

韓国語で「会いたいです」は
「**만나고 싶어요**」（マンナゴ シボヨ）じゃないの?

身近な人に会いたいときは顔を見たいという意味から、「**보고 싶어요**」を使うよ。「**만나고 싶어요**」は、運命の相手に出会いたいとか、偶然に会いたいなど、「出会いたい」という意味が強くなるね。

勧誘

HOW TO USE 誘ったり誘われたり、一緒に行動するとき

話し手と聞き手が一緒に行動することを勧誘する言い方です。ここでは、使用
頻度の高いパンマル(正確にはハンダ体)の表現もマスターしましょう。

ハムニダ体

^{パッチム}_{あり} 語幹 + ^{ウプシダ}**읍시다**

^{パッチム}_{なし} 語幹 + ^{プシダ}**ㅂ시다**

(かしこまった)〜しましょう

ヘヨ体

陽母音語幹(ㅗ、ㅏ、ㅑ) + ^{アヨ}**아요**

上記以外 + ^{オヨ}**어요**

(やわらかい)〜しましょう

ハンダ体(パンマル)

語幹 + ^{チャ}**자**

〜しよう

※この文型はもっとも丁寧なハムニダ体でも
目上の人に使うことはあまりありません。

^{カチ　タンコン　カプシダ}
같이 단콘 갑시다!
^{カチ　タンコン　カヨ}
같이 단콘 가요!
^{カチ　タンコン　カジャ}
같이 단콘 가자!

一緒に単独コンサートに行きましょう(行こう)!

scene
ファン同士の会話

QUESTION

-읍시다 / -ㅂ시다、-아요 / -어요、-자 を
使って文章を完成させましょう。

原型	問題

응원하다 (ウンウォナダ)
応援する

Q1 ずっと応援しましょう。【ハムニダ体】
계속 ( )**.**

따라가다 (ッタラガダ)
ついていく

Q2 彼らについていきましょう。【ヘヨ体】
그들을 ( )**.**

앉다 (アンタ)
座る

Q3 隣に座りましょう。【ハムニダ体】
옆에 ( )**.**

찍다 (ッチクタ)
撮る

Q4 一緒にセルカを撮りましょう。【ヘヨ体】
같이 셀카를 ( )**.**

가다 (カダ)
行く

Q5 もう家に帰ろう。【ハンダ体】 (memo)
이제 집에 ( )**.**

(memo) 直訳では「家に行く」。**가다**（カダ）は状況によ
って「帰る」という意味にもなります。

+α単語 (プラスアルファ)

単独	단독 (タンドク)
コンサート	콘서트 (コンソトゥ)
イベント	이벤트 (イベントゥ)
パーティー	파티 (パティ)
ペアルック (恋人同士)	커플룩 (コプルルク)
ペアルック (友達同士)	트윈룩 (トゥウィンルク)
ついていく	따라가다 (ッタラガダ)
ついてくる	따라오다 (ッタラオダ)
隣に、横に	옆에 (ヨペ)
セルカ、自撮り	셀카 (セルカ)
もう	이제 (イジェ)
家に帰る	집에 가다 (チベ カダ)

ANSWER

答え
A1 **계속 (응원합시다).** (ケソク ウンウォナプシダ)
A2 **그들을 (따라가요).** (クドゥルル ッタラガヨ)
A3 **옆에 (앉읍시다).** (ヨペ アンジュプシダ)
A4 **같이 셀카를 (찍어요).** (カチ セルカルル ッチゴヨ)
A5 **이제 집에 (가자).** (イジェ チベ カジャ)

STEP UP!

勧誘のヘヨ体は現在形の
ヘヨ体と形が同じになるの
で、状況によって判断するよ。
「**같이 가요**」（一緒に行き
ましょう）、「**우리 친구 해요**」
（私たち友達をしましょう→
友達になりましょう）など、**같
이**（一緒に）や**우리**（私たち）
などをつけることが多いよ。

Q1 次の動詞を-을/ㄹ 겁니다,-을/ㄹ 거예요 を使って、未来／意思／推測の形に 活用させましょう。　P88

	原型	ハムニダ体	ヘヨ体
1 遊ぶ	놀다	( )	( )
2 読む	읽다	( )	( )
3 ない	없다	( )	( )
4 する	하다	( )	( )

Q2 -으세요/-세요を使って、 文章を完成させましょう。　P90

1 はやく座ってください。（座る＝앉다）　빨리 (　　　　　).

2 明日行ってください。（行く＝가다）　내일 (　　　　　).

3 頑張ってください！（頑張る＝힘내다）　힘 (　　　　)!

Q3 -아/어 주세요,-해 주세요を使って、 文章を完成させましょう。　P92

1 窓を開けてください。（開ける＝열다）　창문을 (　　　).

2 詳しく説明してください。（説明する＝설명하다）자세히 (　　　).

3 かっこいい！こっち見てください！（見る＝보다）멋있다! 여기 (　　　)!

4 写真を撮ってください。（撮る＝찍다）　사진을 (　　　).

Q4 │ 次の日本語を韓国語で書きましょう。 P94

1 新人賞をもらいたいです。(新人賞＝신인상、もらう＝받다)

ハムニダ体 (   ).

2 友達に会いたいです。(友達＝친구、会う＝보다)

ヘヨ体 (   ).

3 彼についていきたいです。(彼＝그、ついていく＝따라가다)

ヘヨ体 (   ).

4 服を買いたいです。(服＝옷、買う＝사다)

ハムニダ体 (   ).

Q5 │ 次の動詞を勧誘の形に活用させましょう。 P96

	原型	ハムニダ体	ヘヨ体	ハンダ体
1 探す	찾다	( )	( )	( )
2 習う	배우다	( )	( )	( )
3 来る	오다	( )	( )	( )
4 乗る	타다	( )	( )	( )

答え

Q1 1놀 겁니다/놀 거예요／2읽을 겁니다/읽을 거예요／3없을 겁니다/없을 거예요／
4할 겁니다/할 거예요

Q2 1앉으세요／2가세요／3내세요

Q3 1열어 주세요／2설명 해 주세요／3봐 주세요／4찍어 주세요

Q4 1신인상을 받고 싶습니다／2친구를 보고 싶어요／3그를 따라가고 싶어요／
4옷을 사고 싶습니다

Q5 1찾읍시다/찾아요/찾자／2배웁시다/배워요/배우자／3옵시다/와요/오자／
4탑시다/타요/타자

可能／不可能

HOW TO USE 能力や可能性のあるなしを表すとき

「韓国語を話せます」など、可能・不可能の表現を覚えましょう。自分ができること、できないことを伝えたり、相手に「〜できますか？」とたずねたりできます。

ハムニダ体

パッチムあり 語幹 + 을 수 있습니다
ウル ス イッスムニダ

パッチムなし 語幹 + ㄹ 수 있습니다
ル ス イッスムニダ

（かしこまった）〜できます

ヘヨ体

パッチムあり 語幹 + 을 수 있어요
ウル ス イッソヨ

パッチムなし 語幹 + ㄹ 수 있어요
ル ス イッソヨ

（やわらかい）〜できます

パッチムあり 語幹 + 을 수 없습니다
ウル ス オプスムニダ

パッチムなし 語幹 + ㄹ 수 없습니다
ル ス オプスムニダ

（かしこまった）〜できません

パッチムあり 語幹 + 을 수 없어요
ウル ス オプソヨ

パッチムなし 語幹 + ㄹ 수 없어요
ル ス オプソヨ

（やわらかい）〜できません

scene
オーディション番組

タンシヌヌン ト ハル ス イッスムニダ
당신은 더 할 수 있습니다.
あなたはもっとできます。

ト イサン ハル ス オプソヨ
더 이상 할 수 없어요.
これ以上できません。

QUESTION

-을 / ㄹ 수 있습니다、-을 / ㄹ 수 있어요、
-을 / ㄹ 수 없습니다、-을 / ㄹ 수 없어요を
使って文章を完成させましょう。

原型	問題

읽다 イクタ 読む
Q1 韓国語の歌詞を読めます。【ハムニダ体】
한국어 가사를 (　　　　　　　).

가다 カダ 行く、進む
Q2 彼女は最終審査へ進めません。【ハムニダ体】
그녀는 최종심사에 (　　　　　　　).

부르다 ブルダ 歌う、呼ぶ
Q3 ラップパートは歌えますか?【ヘヨ体】
랩 파트를 (　　　　　　)?

외우다 ウェウダ 覚える
Q4 明日までに踊りを覚えられますか?【ヘヨ体】
내일까지 춤을 (　　　　　　)?

받다 パッタ もらう、受け取る
Q5 あの人はいい評価をもらえません。【ヘヨ体】
저 사람은 좋은 평가를 (　　　　　　).

+α単語 プラスアルファ

以上	イサン **이상**
歌詞	カサ **가사**
最終	チュェジョン **최종**
審査	シムサ **심사**
ラップパート	レプ パトゥ **랩 파트**
ソロパート	ソルロ パトゥ **솔로 파트**
ヒップホップ	ヒバプ **힙합**
ロック	ロク **록**
SWAG かっこいい	スウェク **스웩**
踊り	チュム **춤**
ダンス	デンス **댄스**
評価	ビョンカ **평가**

ANSWER

答え
A1 ハングゴ カサルル イルグル ス イッスムニダ
한국어 가사를 (읽을 수 있습니다).

A2 クニョヌン チュェジョンシムサエ カル ス オプスムニダ
그녀는 최종심사에 (갈 수 없습니다).

A3 レプ パトゥルル プルル ス イッソヨ
랩 파트를 (부를 수 있어요)?

A4 ネイルカジ チュムル ウェウル ス イッソヨ
내일까지 춤을 (외울 수 있어요)?

A5 チョ サラム チョウン ビョンカルル パドゥル ス オプソヨ
저 사람은 좋은 평가를 (받을 수 없어요).

STEP UP!

을/ㄹ 수 있다,없다は可能性を表す表現としても使えるよ。「민호 씨가 모를 수 있어요」(ミノさんが知らないこともありえます/知らないかもしれません)とか「있을 수 없는 일이에요」(ありえないことです/動詞で名詞を修飾する連体形についてはP.126参照)といった言い方も。

その他の不可能表現

HOW TO USE 不可能を表す表現

못＋動詞で、不可能を表します。本人の意思とは関係なく、能力の不足や外的要因によって、動作が不可能なことを表現。動詞の前につけるだけなので、会話などでよく使います。

モッ
못 ＋ **動詞**

● 하다動詞の場合は하다の前に「못」を置きます。

scene
旅行前日

モッ チャヨ
못 자요.

眠れません。

QUESTION

못- を使って文章を完成させましょう。

原型	問題

^{タダ}
타다
乗る

Q1 地下鉄に乗れません。【ヘヨ体】

지하철을(　　　　　　).

^{イェヤカダ}
예약하다
予約する

Q2 ホテルを予約できません。【ハムニダ体】

호텔을(　　　　　　).

^{マシダ}
마시다
飲む

Q3 お酒を飲めません。【ハムニダ体】

술을(　　　　　　).

^{モクタ}
먹다
食べる

Q4 唐辛子は食べられません。【ヘヨ体】

고추는(　　　　　　).

^{サルダ}
살다
生きる

Q5 スマートフォンなしでは
生きていけません。【ヘヨ体】

스마트폰 없이는(　　　　　　).

＋α単語 プラスアルファ

眠る、寝る	^{チャダ}**자다**
予約する	^{イェヤカダ}**예약하다**
酒	^{スル}**술**
スマートフォン	^{スマトゥポン}**스마트폰**
Wi-Fi	^{ワイパイ}**와이파이**
～なしで	^{オプシ}**없이**
生きる	^{サルダ}**살다**
唐辛子	^{コチュ}**고추**
からい	^{メプタ}**맵다**
からいもの	^{メウン ゴ}**매운 거**
甘い	^{タルダ}**달다**
甘いもの	^{タン ゴ}**단 거**

ANSWER

答え

A1 ^{チハチョルル モッ タヨ}
지하철을 (못 타요).

A2 ^{ホテルル イェヤク モ タムニダ}
호텔을 (예약 못합니다).

A3 ^{スルル モン マシムニダ}
술을 (못 마십니다).

A4 ^{コチュヌン モン モゴヨ}
고추는 (못 먹어요).

A5 ^{スマトゥポン オプシヌン モッ サラヨ}
스마트폰 없이는 (못 살아요).

STEP UP!

을/ㄹ 수 없다と못＋動詞って、違いはあるの？

どちらも能力的に不可能という意味があるけど、을/ㄹ 수 없다は何らかの理由でできないというニュアンスが強く、못よりはかしこまった印象。

否定

少し丁寧な否定表現

動詞や形容詞の語幹について、否定を表現。単純に否定としても使いますが、疑問形にして同意を促したりすることもできます。どちらかといえば少しかしこまった場面で使用される表現です。

ハムニダ体	ヘヨ体

語幹 + **지 않습니다**
　　　ジ　アンスムニダ

語幹 + **지 않아요**
　　　ジ　アナヨ

（かしこまった）〜しません・ありません

（やわらかい）〜しません・ありません

チョンメ　ティケスン　サジ　アンスムニダ
전매 티켓은 사지 않습니다.

チョンメ　ティケスン　サジ　アナヨ
전매 티켓은 사지 않아요.

転売チケットは買いません。

scene
ファンの気持ち

〜〜〜 QUESTION 〜〜〜

-지 않습니다、-지 않아요 を使って
文章を完成させましょう。

原型	問題

シンタ
신다
(靴を)履く

Q1 ライブではヒールを履きません。【ハムニダ体】
라이브에서는 힐을(　　　　　　　).

チョタ
좋다
良い

Q2 サセンは良くありません。【ヘヨ体】 memo❶
사생은(　　　　　　).

ポリダ
버리다
捨てる

Q3 ごみを捨てません。【ハムニダ体】
쓰레기를(　　　　　　).

カシダ
가시다
行かれる、なくなる

Q4 ライブの興奮が冷めません。【ハムニダ体】 memo❷
라이브의 흥분이(　　　　　　).

チョクタ
적다
少ない

Q5 彼らのファンは少なくありません。【ヘヨ体】
그들의 팬은(　　　　　　).

memo❶ 사생(サセン)はアイドルの「私生活」＝사생활(サセンファル)をストーカーのように追うファンのことを指します。

memo❷ 直訳は「興奮がなくならない」となります。

＋α単語

転売	チョンメ **전매**
ヒール	ヒル **힐**
スカート	スコトゥ **스커트**
履く (履物を)	シンタ **신다**
穿く、着る (衣服を)	イプタ **입다**
サセン	サセン **사생**
言葉	マル **말**
話	イヤギ **이야기**
忘れる	イッタ **잊다**
興奮	フンブン **흥분**
行かれる なくなる	カシダ **가시다**
少ない	チョクタ **적다**

〜〜〜 ANSWER 〜〜〜

答え

ライブエソヌン　ヒルル　シンチ　アンスムニダ
A1 **라이브에서는 힐을(신지 않습니다).**

サセンウン　チョチ　アナヨ
A2 **사생은(좋지 않아요).**

ッスレギルル　ポリジ　アンスムニダ
A3 **쓰레기를 버리지 않습니다.**

ライブエ　フンブニ　カシジ　アンスムニダ
A4 **라이브의 흥분이(가시지 않습니다).**

クドゥレ　ペヌン　チョクチ　アナヨ
A5 **그들의 팬은(적지 않아요).**

STEP UP!

否定の疑問形で同意を促す
こともできる？

できるよ。日本語と同じ感覚
でアイドルの写真を見せて
「너무 잘 생기지 않았어요?」
ノム　チャル　センギジ　アナッソヨ
（すごくイケメンじゃないです
か？）って言うことも。

その他の否定表現

HOW TO USE 会話で使いやすい短い否定表現

안＋動詞、形容詞で否定を表します。動詞の場合は、本人の意思でしないこと、形容詞の場合は単純な否定を表します。「〜**지 않다**」より短くて言いやすいため、会話でよく使います。

アン
안 ＋ 動詞・形容詞

●하다動詞の場合は하다の前に「안」を置きます。ただ、「좋아하다」など一部の動詞、形容詞ではその限りではありません。

オヌルン ア ヌロヨ
오늘은 안 울어요.

今日は泣きません。

scene
ライブのMC

~~~~~~~~~~ QUESTION ~~~~~~~~~~

안- を使って文章を完成させましょう。

原型	問題

外롭다
ウェロプタ
寂しい

Q1 僕は寂しくありません。【ハムニダ体】
나는（　　　　　）.

끝나다
ックンナダ
終わる

Q2 旅は終わりません。【ヘヨ体】
여행은（　　　　　）.

늦다
ヌッタ
遅い

Q3 今からでも遅くありません。【ヘヨ体】 memo
지금이라도（　　　　　）.

가다
カダ
行く

Q4 僕たちはどこにも行きません。【ヘヨ体】
우리들은 어디에도（　　　　　）.

깨다
ッケダ
覚める

Q5 夢は覚めません。【ハムニダ体】
꿈은（　　　　　）.

memo 지금이라도（チグミラド）の直訳は「今でも」という意味です。

+α単語
プラスアルファ

泣く	울다 ウルダ
寂しい	외롭다 ウェロプタ
僕たち	우리 ウリ
旅、旅行	여행 ヨヘン
終了	종료 チョンニョ
終わる	끝나다 ックンナダ
開始	시작 シジャク
始まる	시작하다 シジャカダ
遅い	늦다 ヌッタ
どこにも	어디에도 オディエド
夢見る	꿈꾸다 ックムックダ
覚める	깨다 ッケダ

~~~~~~~~~~ ANSWER ~~~~~~~~~~

答え

A1 ナヌン　アン　ウェロプスムニダ
나는（안 외롭습니다）.

A2 ヨヘンウン　アン　ックンナヨ
여행은（안 끝나요）.

A3 チグミラド　アン　ヌジョヨ
지금이라도（안 늦어요）.

A4 ウリドゥルン　オディエド　アン　ガヨ
우리들은 어디에도（안 가요）.

A5 ックムン　アン　ッケムニダ
꿈은（안 깨니다）.

STEP UP!

안＋動詞、形容詞と、
못＋動詞はどう違うの?

안は意思による否定、못は意思に関係なく不可能を表すよ。「안 가요」（行きません）は自分の意思で行かないという意味。「못 가요」（行けません）は何らかの理由があって不可能という意味に。日本語より明確に使い分けるよ。

Q1 | -을/ㄹ 수 있습니다,-을/ㄹ 수 있어요を使って、文章を完成させましょう。 〔P100〕

1 テレビを見れます。(見る=보다) 〔ヘヨ体〕 텔레비전을 (   )

2 字幕を読めます。(読む=읽다) 〔ハムニダ体〕 자막을 (   ).

3 今すぐ寝られます。(寝る=자다) 〔ヘヨ体〕 지금 당장 (   ).

4 荷物を持てます。(持つ=들다) 〔ヘヨ体〕 짐을 (   ).

5 韓国語を話せます。(話す=말하다) 〔ハムニダ体〕 한국어를 (   ).

Q2 | 次の語句と-을/ㄹ 수 없습니다,-을/ㄹ 수 없어요を使って、不可能の形にしましょう。 〔P100〕

1 今夜=오늘밤 電話する=전화하다 〔ハムニダ体〕 (   )

2 彼=그 信じる=믿다 〔ヘヨ体〕 (   )

3 大学=대학 卒業する=졸업하다 〔ハムニダ体〕 (   )

4 学校=학교 行く=가다 〔ヘヨ体〕 (   )

5 両替する=환전하다 〔ハムニダ体〕 (   )

Q3 | 못-を使って次の動詞を不可能の形にしましょう 〔P102〕

	原型	〔ハムニダ体〕	〔ヘヨ体〕
1 探す	찾다	( )	( )
2 準備する	준비하다	( )	( )
3 考える	생각하다	( )	( )
4 あげる	주다	( )	( )
5 遊ぶ	놀다	( )	( )

Q4 | -지 않습니다, -지 않아요を使って、文章を完成させましょう。 P104

1 明日は忙しくありません。
（忙しい＝바쁘다）
[ヘヨ体] 내일은 (　　　　　).

2 平日は運動しません。
（運動する＝운동하다）
[ハムニダ体] 평일은 (　　　　　).

3 彼女はお菓子を食べません。
（食べる＝먹다）
[ヘヨ体] 그녀는 과자를 (　　　　　).

4 ソファーで寝ません。
（寝る＝자다）
[ハムニダ体] 소파에서 (　　　　　).

5 この料理は辛くありませんか？
（辛い＝맵다）
[ヘヨ体] 이 요리는 (　　　　　)?

Q5 | 안-を使って次の動詞を否定の形にしましょう。 P106

	原型	[ハムニダ体]	[ヘヨ体]
1 長い	길다	(　　　)	(　　　)
2 優しい	상냥하다	(　　　)	(　　　)
3 休む	쉬다	(　　　)	(　　　)
4 出る	나가다	(　　　)	(　　　)
5 約束する	약속하다	(　　　)	(　　　)

[答え]

Q1 1볼 수 있어요／2읽을 수 있습니다／3잘 수 있어요／4들 수 있어요／5말할 수 있습니다

Q2 1오늘밤(은) 전화할 수 없습니다／2그를 믿을 수 없어요／3대학을 졸업할 수 없습니다／
4학교에 갈 수 없어요／5환전할 수 없습니다

Q3 1못 찾습니다/못 찾아요／2준비 못 합니다/준비 못 해요／3생각 못 합니다/생각 못 해요／
4못 줍니다/못 줘요／5못 놉니다/못 놀아요

Q4 1바쁘지 않아요／2운동하지 않습니다／3먹지 않아요／4자지 않습니다／5맵지 않아요

Q5 1안 깁니다／안 길어요／2안 상냥합니다/안 상냥해요／3안 쉽니다/안 쉬어요／
4안 나갑니다/안 나가요／5약속 안 합니다/약속 안 해요

バラエティ番組の言葉

バラエティ番組やアイドルのV LIVEでよく登場する韓国語のジャンケンの仕方をマスター。また、バラエティ番組の字幕にも登場する強調表現などを覚えると、番組を見る楽しさが倍増します！

●韓国語のジャンケン

韓国語のジャンケンは「가위바위보！」（カウィバウィボ）のかけ声で、最後の「보」（ボ）のときに出します。「가위」（カウィ）はハサミ（＝チョキ）、「바위」（バウィ）は石（＝グー）「보」（ボ）は風呂敷（＝パー）で、やり方は日本のジャンケンと同じ。あいこの場合は、もう一度「가위바위보！」と言ってくり返します。

●バラエティ番組の字幕によく登場する表現

バラエティ番組の字幕には「헐！」（ホル）（え!)や「대박」（テバク）（やばい、すごい）といったスラングや、疑音語などがよく登場。短くて覚えやすいので、よく使われるものをご紹介します。

낄낄（ッキルッキル）	クスクス		**반짝반짝**（バンチャクバンチャク）	キラキラ		**헐！**（ホル）	え!
깔깔（ッカルッカル）	ケラケラ		**흑흑**（フクフク）	しくしく		**드디어**（トゥディオ）	ついに
방글방글（バングルバングル）	にこにこ		**조마조마**（チョマジョマ）	ハラハラ		**완전**（ワンジョン）	完璧に、すごく
말랑말랑（マルランマルラン）	ふわふわ		**콜록콜록**（コルロクコルロク）	ゴホゴホ		**부끄부끄**（ブックブック）	恥ずかしがる様子
우물우물（ウムルウムル）	もぐもぐ		**엄머엄머**（オムモオムモ）	あらあら		**허헙**（ホホプ）	驚く様子
소곤소곤（ソゴンソゴン）	ひそひそ		**두근두근**（トゥグントゥグン）	ドキドキ		**끙**（ックン）	息を呑む音
아둥바둥（アドゥンバドゥン）	じたばた		**대박**（テバク）	やばい、すごい		**의아의아**（ウィアウィア）	怪しむ様子

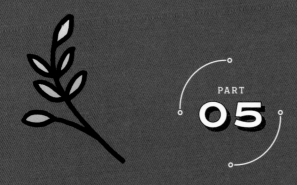

動詞・形容詞の応用文法

日常会話の理解が深まる！

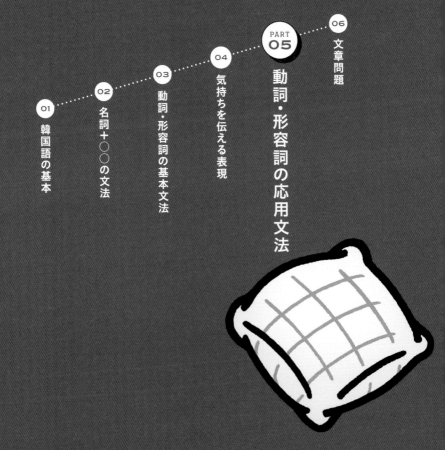

動詞・形容詞の活用（応用編）

これまでP.61では活用の基本編を、P.66では**하다**の活用を学びました。ここまでは規則活用ですが、これから学ぶ応用編は変則活用。よく使うので、繰り返し練習して慣れましょう！

ヘヨ体の活用は、いろんな状況で応用できる！

ハムニダ体の活用は、P.62で学んだ通り、基本的には語幹に**습니다**または**ㅂ니다**をつけるだけなので簡単。ヘヨ体の活用はやや複雑ではあるものの、ヘヨ体に限らず、過去形や語幹に**아／어**（ア／オ）がつく接続表現や、動詞を2つ組み合わせて使うときにもそのまま使える便利な活用です。ほかにも、後ろにつく時制や接続表現などによって変則に活用するケースもあるので、ここで一気にご紹介します。最初は難しく感じるかもしれませんが、アイドルの会話や歌詞、ドラマのセリフなどでもたくさん登場するので、その都度確認して、マスターしていきましょう。

●語幹の最後の文字が母音で終わる場合の変則活用

LESSON 1
으変則活用

$$ ─ + 아/어 \quad > \quad ─ \text{ 脱落} $$

語幹末が**ㅡ**の動詞、形容詞は、ヘヨ体など直後に**아／어**が続くときは**ㅡ**が脱落します。
語幹が1文字の場合は**어**をつけます。

例 書く **쓰다**（ッスダ）**＋ 어요**（オヨ） > 書きます **써요**（ッソヨ）
└─ **ㅡ**が脱落

大きい **크다** ＋ **어요** ＞ 大きいです **커요**
（クダ）（オヨ）（コヨ）
└ ー が脱落

語幹が２文字以上の場合、ーの直前の母音が陽母音（ㅏ、ㅗ、ㅑ）なら아を、陽母音以外なら어をつけます。

例　忙しい **바쁘다** ＋ **아요** ＞ 忙しいです **바빠요**
（バップダ）（アヨ）（バッパヨ）
└ 陽母音

嬉しい **기쁘다** ＋ **어요** ＞ 嬉しいです **기뻐요**
（キップダ）（オヨ）（キッポヨ）
└ 陽母音以外

悲しい **슬프다** ＋ **어요** ＞ 悲しいです **슬퍼요**
（スルプダ）（オヨ）（スルポヨ）
└ 陽母音以外

LESSON 2
르変則活用

르 ＋ **아/어** ＞ **르**は ［パッチム］ **ㄹ** に、**아/어**は **라/러** に変化

語幹末が르の動詞、形容詞の多くが、ヘヨ体など直後に아/어が続くとき、それぞれ르はㄹ、아/어は라/러に変化します。

例　知らない **모르다** ＋ **아요** ＞ 知りません **몰라요**
（モルダ）（アヨ）（モルラヨ）
└ 陽母音

早い／速い **빠르다** ＋ **아요** ＞ 速いです **빨라요**
（ッパルダ）（アヨ）（ッパルラヨ）
└ 陽母音

呼ぶ **부르다** ＋ **어요** ＞ 呼びます **불러요**
（プルダ）（オヨ）（プルロヨ）
└ 陽母音以外

●語幹の最後の文字が子音で終わる場合の変則活用

LESSON 3

ㄹ 変則活用

① パッチム **ㄹ ＋ 子音 ㅅ ㅂ ㄴ （ㄹ） ＞ ㄹ 脱落**

② パッチム **ㄹ の直後に 으 はこない**

語幹末がパッチムのㄹで終わる動詞や形容詞は、語幹の直後に子音ㅅ、ㅂ、ㄴ、パッチムㄹのどれかがくると語幹末のㄹが脱落します。また、直後に으はきません。さらに、으にパッチムㄹがついているとき、そのㄹも脱落します。

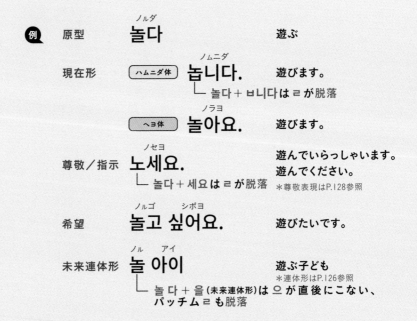

例 原型　　　　　ノルダ　　　　　　　　　　　遊ぶ
　　　　　　　　놀다

　　　現在形　　ハムニダ体　ノムニダ　　　　　遊びます。
　　　　　　　　　　　　놉니다.
　　　　　　　　　└ 놀다 ＋ ㅂ니다は ㄹが脱落

　　　　　　　　ヘヨ体　ノラヨ　　　　　　　　遊びます。
　　　　　　　　　　놀아요.

　　　尊敬／指示　ノセヨ　　　　　　　　　遊んでいらっしゃいます。
　　　　　　　　노세요.　　　　　　　　遊んでください。
　　　　　　　└ 놀다 ＋ 세요は ㄹが脱落　　＊尊敬表現はP.128参照

　　　希望　　　ノルゴ　　シポヨ　　　　　遊びたいです。
　　　　　　　　놀고 싶어요.

　　　未来連体形　ノル　　アイ　　　　　　遊ぶ子ども
　　　　　　　　놀 아이　　　　　　　＊連体形はP.126参照
　　　　　　　　└ 놀 다 ＋ 을 (未来連体形)は 으 が 直後にこない、
　　　　　　　　　　パッチムㄹ も脱落

ㄹ変則活用のよく使う単語は、ほかに만들다(作る)、살다(住む)、알다(わかる)、울다(泣く)、멀다(遠い)、달다(甘い)などがあります。

LESSON 4

ㅎ変則活用

❶ パッチム **ㅎ + 으** ＞ **ㅎ** と **으** 脱落

❷ パッチム **ㅎ + 아／어** ＞ **ㅎ** 脱落し、**아／어** の母音が **ㅐ** に変化

語幹末がパッチムの **ㅎ** で終わる形容詞は、語幹の直後に **으** がくるとき、語幹末の **ㅎ** と **으** が脱落します。また、ヘヨ体など **아／어** が続く活用のときは **ㅎ** が脱落し、**아／어** の母音が **ㅐ** に変化します。ただし、**좋다** (よい)は例外です。

例 イロタ
이렇다 このようだ

現在形 ハムニダ体 イロッスムニダ
이렇습니다. このようです。

ヘヨ体 イレヨ
이래요. このようです。
└ **이렇다 + 어요** は **ㅎ** が脱落し、**어** の母音が **ㅐ** に変化

過去形 イレッソヨ
이랬어요. このようでした。
└ **이렇다 + 었어요** は **ㅎ** が脱落し、**어** の母音が **ㅐ** に変化

尊敬／指示 イロセヨ
이러세요. このようでいらっしゃいます。
このようにいてください。
└ **이렇다 + 으세요** は **ㅎ** と **으** が脱落

推測 イロル コエヨ
이럴 거예요. このようでしょう。
└ **이렇다 + 을 거예요** は **ㅎ** と **으** が脱落

ㅎ 変則活用のよく使う単語は、ほかに **그렇다** (そのようだ)、**저렇다** (あのようだ)、**어떻다** (どのようだ)などがあります。なお、**놓다** (置く)など、動詞は規則活用なので注意しましょう。

ㅂ変則活用

① パッチム ㅂ ＋ 으　＞　ㅂ 脱落し、으 が 우 に変化

② パッチム ㅂ ＋ 아/어　＞　ㅂ 脱落し、아/어 が 워 に変化

語幹末がパッチムのㅂで終わる動詞や形容詞の多くは、語幹の直後に으がくるとき語幹末のㅂが脱落し으は우に変化します。また、ヘヨ体など아/어が続く活用のときには語幹のㅂが脱落し、아/어は워に変化します。

例

原型		メプタ **맵다**	からい
現在形	ハムニダ体	メプスムニダ **맵습니다.**	からいです。
	ヘヨ体	メウォヨ **매워요.**	からいです。

└ 맵다 ＋ 어요 は ㅂ が脱落し、
아/어 は 워 に変化

過去形　メウォッソヨ
매웠어요.　からかったです。

└ 맵다 ＋ 었어요 は ㅂ が脱落し、
아/어 は 워 に変化

推測　メウル　コエヨ
매울 거예요.　からいでしょう。

└ 맵다 ＋ 을 거예요 は ㅂ が脱落し、
으 は 우 に変化

尊敬疑問　メウセヨ
매우세요?　からいですか？

└ 맵다 ＋ 으세요 は ㅂ が脱落し、
으 は 우 に変化

ㅂ変則活用のよく使う単語は、ほかに춥다(寒い)、덥다(暑い)、귀엽다(かわいい)、고맙다(ありがたい)、어렵다(難しい)、반갑다(うれしい)、아름답다(美しい)などがあります。

例外パターン❶

돕다(手伝う)、곱다(きれいだ)の2つは、ヘヨ体など直後に아／어が続く活用の場合は語幹の最後のㅂが워ではなく와になります。

例　原型　<ruby>돕다<rt>トプタ</rt></ruby>　　　　手伝う

現在形　ハムニダ体　<ruby>돕습니다.<rt>トプスムニダ</rt></ruby>　手伝います。

　　　　ヘヨ体　<ruby>도와요.<rt>トワヨ</rt></ruby>　手伝います。

例外パターン❷

입다(着る)、잡다(つかまえる、取る)、뽑다(抜く)など、規則活用の単語もあります。

例　原型　<ruby>입다<rt>イプタ</rt></ruby>　　　　着る

現在形　ハムニダ体　<ruby>입습니다.<rt>イプスムニダ</rt></ruby>　着ます。

　　　　ヘヨ体　<ruby>입어요.<rt>イボヨ</rt></ruby>　着ます。

ㄷ 変則活用

[パッチム] ㄷ + ㅇ > ㄷ は ㄹ に変化

語幹末がパッチムのㄷで終わる動詞の一部は、語幹の直後にㅇがくるときや
ヘヨ体など아/어が続く活用のときには、語幹のㄷがㄹに変化します。

例

原型	듣다 (トゥッタ)	聞く

現在形　[ハムニダ体] 듣습니다. (トゥッスムニダ)　聞きます。

　　　　[ヘヨ体] 들어요. (トゥロヨ)　聞きます。
　　　　└ 듣다＋어요はㄷがㄹに変化

過去形　들었어요. (トゥロッソヨ)　聞きました。
　　　└ 듣다＋었어요はㄷがㄹに変化

未来形　들을 거예요. (トゥルル コエヨ)　聞くでしょう。
　　　└ 듣다＋을 거예요はㄷがㄹに変化

尊敬／指示　들으세요. (トゥルセヨ)　お聞きになっています。
　　　　　　　　　　　　　　　聞いてください。
　　　└ 듣다＋으세요はㄷがㄹに変化

希望　듣고 싶어요. (トゥッコ シポヨ)　聞きたいです。

ㄷ変則活用のよく使う単語は、ほかに걷다 (コッタ)(歩く)、묻다 (ムッタ)(聞く、たずねる)、깨닫다 (ッケダッタ)(悟る)、싣다 (シッタ)(積む)などがあります。
ただし、받다 (パッタ)(受け取る)、믿다 (ミッタ)(信じる)、닫다 (タッタ)(閉める)などは規則活用なので注意が必要です。

LESSON **7**

ㅅ変則活用

パッチム ㅅ + ㅇ > ㅅ脱落

語幹末がパッチムのㅅで終わる動詞や形容詞のうち一部は、語幹の直後にㅇがくるときやヘヨ体など아/어が続く活用のときには、語幹のㅅが脱落します。

例	原型		チッタ 짓다	建てる
	現在形	ハムニダ体	チッスムニダ 짓습니다.	建てます。
		ヘヨ体	チオヨ 지어요.	建てます。

└ 짓다＋어요はㅅが脱落

	過去形	チオッソヨ 지었어요.	建てました。

└ 짓다＋었어요はㅅが脱落

	未来形	チウル コエヨ 지을 거예요.	建てるでしょう。

└ 짓다＋을 거예요はㅅが脱落

	尊敬／指示	チウセヨ 지으세요.	お建てになっています。 建ててください。

└ 짓다＋으세요はㅅが脱落

	希望	チッコ シポヨ 짓고 싶어요.	建てたいです。

ㅅ変則活用のよく使う単語は、ほかに낫다（治る）、붓다（腫れる、注ぐ）などがあります。
ただし、웃다（笑う）、벗다（脱ぐ）、씻다（洗う）などは規則活用なので注意が必要です。

復習問題 6

わからなかったら ページをチェック！

?

Q1 | 【ㅡ変則活用】活用に注意しながら（　　）を埋めましょう。　　P112

		原型	ハムニダ体	ヘヨ体
1	大きい	크다	（　　　　）	（　　　　）
2	うれしい	기쁘다	（　　　　）	（　　　　）
3	痛い	아프다	（　　　　）	（　　　　）

Q2 | 【르変則活用】活用に注意しながら（　　）を埋めましょう。　　P113

		原型	ハムニダ体	ヘヨ体
1	わからない	모르다	（　　　　）	（　　　　）
2	早い	빠르다	（　　　　）	（　　　　）
3	押す	누르다	（　　　　）	（　　　　）

Q3 | 【ㄹ変則活用】活用に注意しながら（　　）を埋めましょう。　　P114

		原型	ハムニダ体	ヘヨ体
1	遊ぶ	놀다	（　　　　）	（　　　　）
2	作る	만들다	（　　　　）	（　　　　）
3	分かる	알다	（　　　　）	（　　　　）

Q4 | 【ㅎ変則活用】活用に注意しながら（　　）を埋めましょう。　　P115

		原型	ハムニダ体	ヘヨ体
1	このようだ	이렇다	（　　　　）	（　　　　）
2	そのようだ	그렇다	（　　　　）	（　　　　）
3	あのようだ	저렇다	（　　　　）	（　　　　）

Q5 【ㅂ変則活用】活用に注意しながら（　　）を埋めましょう。 P116

	原型	ハムニダ体	ヘヨ体
1 からい	맵다	（　　　）	（　　　　）
2 寒い	춥다	（　　　）	（　　　　）
3 暑い	덥다	（　　　）	（　　　　）

Q6 【ㄷ変則活用】活用に注意しながら（　　）を埋めましょう。 P118

	原型	ハムニダ体	ヘヨ体
1 聞く	듣다	（　　　）	（　　　　）
2 歩く	걷다	（　　　）	（　　　　）
3 尋ねる	묻다	（　　　）	（　　　　）

Q7 【ㅅ変則活用】活用に注意しながら（　　）を埋めましょう。 P119

	原型	ハムニダ体	ヘヨ体
1 建てる	짓다	（　　　）	（　　　　）
2 治る	낫다	（　　　）	（　　　　）
3 注ぐ	붓다	（　　　）	（　　　　）

答え

Q1 1큽니다/커요／2기쁩니다/기뻐요／3아픕니다/아파요
Q2 1모릅니다/몰라요／2빠릅니다/빨라요／3누릅니다/눌러요
Q3 1놉니다/놀아요／2만듭니다/만들어요／3압니다/알아요
Q4 1이렇습니다/이래요／2그렇습니다/그래요／3저렇습니다/저래요
Q5 1맵습니다/매워요／2춥습니다/추워요／3덥습니다/더워요
Q6 1듣습니다/들어요／2걷습니다/걸어요／3묻습니다/물어요
Q7 1짓습니다/지어요／2낫습니다/나아요／3붓습니다/부어요

便利な動詞「되다」

「되다」はさまざまな意味で使われる便利な動詞です。はじめは使い分けが少し難しく感じますが、これ1つをマスターするだけでアイドルが話す言葉や、ドラマの会話などの理解の幅が広がるはず!

「되다」の活用

「되다」の語幹の母音は二重母音で、陽母音以外のグループになるので、ヘヨ体の場合は語尾に어요をつけ、縮めて돼、つまり「돼요」となります。

例

現在形	ハムニダ体	가수가 됩니다.	歌手になります。
	ヘヨ体	가수가 돼요.	歌手になります。
過去形		가수가 됐어요.	歌手になりました。
未来形		가수가 되겠습니다.	歌手になるつもりです。
可能		가수가 될 수 있어요.	歌手になれます。

LESSON 1

変化「〜になる」

名詞 + 이/가 되다

되다の基本的な意味「〜になる」という使い方です。助詞は省略もできます。

例　今年から大学生になります。　**올해부터 대학생이 돼요.**
　　　　　　　　　　　　　　　　オレブト　　　テハクセンイ　　トゥェヨ

　　大人になりました。　**어른이 됐어요.**
　　　　　　　　　　　　オルニ　トゥェッソヨ

LESSON 2

受動「〜される」

하다がつく動詞の一部を되다に変えると、受動的な意味になります。たとえば
생각하다は単純に「考える、思う」という意味ですが、생각(이)되다は、「(自然
センガカダ　　　　　　　　　　　　　　　　　　　センガ　ギ　トゥェダ
と)そう考えられる、思われる」という意味になります。

例　心配になります。　**걱정이 돼요.**
　　　　　　　　　　コクチョンイ　トゥェヨ

　　韓国で生産されました。　**한국에서 생산이 됐습니다.**
　　　　　　　　　　　　　ハングゲソ　　　センサニ　　トゥェッスムニダ

　　発見されました。　**발견됐습니다.**
　　　　　　　　　　パルギョンドゥェッスムニダ

LESSON 3

完成・未完成「〜できる」「〜できない」

ものごとが完成するという意味の「できる」という使い方。안 되다は「できない」
　　　　　　　　　　　　　　　　　　　　　　　アン デ ダ
という意味になります。

例　準備ができました。　**준비(가) 됐어요.**
　　　　　　　　　　　チュンビガ　　トゥェッソヨ

　　まだできません。　**아직 안 됐어요.**
　　　　　　　　　　アジク　アン　ドゥェッソヨ

　　やっともうすぐできます。　**이제 곧 되겠어요.**
　　　　　　　　　　　　　　イジェ　コッ　トゥェゲッソヨ

可能・不可能「〜できる」「〜できない」

되다は可能「できる」、안 되다は不可能「できない」の意味にもなります。

例 テイクアウト（包装）できますか？

ポジャンドゥェヨ
포장돼요?

はい、テイクアウトできます。

ネ　ポジャンドゥェヨ
네, 포장돼요.

今日は時間ありますか？
※直訳は「今日は時間できますか？」

オヌルン　シガニ　トゥェヨ
오늘은 시간이 돼요?

今日はダメです。

オヌルン　アン　ドゥェヨ
오늘은 안 돼요.

「（ものごとが）うまくいく」

とくによく使うのは、잘 되다（うまくいく）という言い方です。
　　　　　　　　　チャル トゥェダ

例 うまくいきました。

チャル　トゥェッソヨ
잘 됐어요.

うまくいくでしょう。

チャル トゥェル　コエヨ
잘 될 거예요.

許可「〜してもいい」

〜してもいい　　動詞・形容詞の아/어形 + ド　トゥェダ
도 되다

動詞や形容詞のヘヨ体のときの「요」を取った状態の活用に「도」をつけ、되다
（なる）を組み合わせて、「〜をしてもいい」という言い方になります。「도」は「〜
も」という意味です。

例	ここに座ってもいいですか？	ヨギエ アンジャド ドゥェヨ **여기에 앉아도 돼요?**
	入ってもいいです。	トゥロガド ドゥェムニダ **들어가도 됩니다.**
	質問してもいいですか？	チルムネド ドゥェヨ **질문해도 돼요?**

LESSON 7
禁止「〜してはいけない」

〜してはいけない 動詞・形容詞の語幹 + ウミョン アン ドゥェダ
(으)면 안 되다

動詞の語幹の最後がパッチムありの場合は으をつけ、パッチムなしの場合はそのまま면をつけます。면は「〜ならば」と仮定や条件をつけるときの連結語尾です。シンプルに「안 돼요」とだけ言えば、ダメですという意味になります。

例	食べてはいけません。	モグミョン アン ドゥェヨ **먹으면 안 돼요.**
	写真を撮ってもいいですか？	サジヌル ッチゴド ドゥェヨ **사진을 찍어도 돼요?**
	ダメです。	アン ドゥェヨ **안 돼요.**

LESSON 8
拒否「いらない」「結構です」

過去形で「됐어요」「됐습니다」と言うと、「いりません」「結構です」などの意味にもなります。よく使う表現ではありますが、言い方によってはそっけなく拒絶するように聞こえることもあるので、気をつけましょう。

例	歌わないんですか？	ノレルル ア ナセヨ **노래를 안 하세요?**
	私は結構です。	チョヌン トゥェッソヨ **저는 됐어요.**

連体形

「おいしい食事」、「昨日会った人」など、動詞や形容詞で名詞を修飾する表現です。動詞と形容詞では活用の仕方が違うので注意しましょう。

動詞

現在連体形 ── 現在や、動作が現在進行していることを表します。

$$\boxed{\text{動詞の語幹}} + \underset{ヌン}{는} + \text{名詞}$$

例

チャジュ トゥンヌン ノレ	
자주 듣는 노래	よく聴く歌

ウンウォナヌン　サラム
응원하는 사람　　　　　応援する人

マンナヌン　サラミ　イッソヨ
만나는 사람이 있어요.　会っている人がいます。
　　　　　　　　　　　　（＝付き合っている人がいます。）

過去連体形 ── 過去や、過去に完了していることを表します。

$$\underset{\text{あり}}{\text{パッチム}}\ \boxed{\text{動詞の語幹}} + \underset{ウン}{은} + \text{名詞}$$

$$\underset{\text{なし}}{\text{パッチム}}\ \boxed{\text{動詞の語幹}} + \underset{ン}{ㄴ} + \text{名詞}$$

例

ピガ　オン　ナル
비가 온 날　　　　　雨が降った日

オジェ　マンナン　サラム
어제 만난 사람　　　昨日会った人

カチ　ッチグン　サジン
같이 찍은 사진　　　一緒に撮った写真

未来連体形 ― 未来や話し手の推測を表します。

パッチム
あり 動詞の語幹 ＋ **을** ＋ 名詞
　　　　　　　　　　　ウル

パッチム
なし 動詞の語幹 ＋ **ㄹ** ＋ 名詞
　　　　　　　　　　　ル

例
ネイル　カル　ライブ
내일 갈 라이브　　　　明日行くライブ

ハル　イリ　マナヨ
할 일이 많아요　　　　やることがいっぱいです

ムォ　モグル　ケ　イッソヨ
뭐 먹을 게 있어요?　何か食べるものはありますか？

形容詞 ― 現在の物事の状態を表します。

パッチム
あり 形容詞の語幹 ＋ **은** ＋ 名詞
　　　　　　　　　　　　ウン

パッチム
なし 形容詞の語幹 ＋ **ㄴ** ＋ 名詞
　　　　　　　　　　　　ン

※ただし、語幹の最後に**있다**(イッタ)、**없다**(オプタ)がつく形容詞には、**는**(ヌン)をつけます。

例
イェップン　オルグル
예쁜 얼굴　　　　　　　かわいい顔

サラム　マヌン　デエ　カゴ　シプチ　アナヨ
사람 많은 데에 가고 싶지 않아요.　人が多い所に行きたくありません。

チェミインヌン　イヤギルル　ヘジョッソヨ
재미있는 이야기를 해줬어요.　面白い話をしてくれました。

尊敬語

よく使う尊敬語をまとめました。K-POPシーンでは年上のメンバーに対して使用されることが多くある表現です。

尊敬語の作り方

規則活用

動詞・形容詞の語幹のあとに「-(으)시다」を加えると尊敬語の形になります。
語幹の最後の文字にパッチムがある場合は「-으시다」、パッチムがない場合
は「-시다」になります。

変則活用

ㄹパッチム　ㄹパッチムをなくし、語幹のあとに「-시다」を加えます。

ㄷパッチム　ㄷパッチムをㄹパッチムに変え、
　　　　　　語幹のあとに「-으시다」を加えます。

ㅂパッチム　ㅂパッチムを우に変え、語幹のあとに「-시다」を加えます。

例　原型　ハダ　하다　〔尊敬形ヘヨ体〕　ハセヨ　하세요

　　　尊敬　ハシダ　하시다　〔尊敬形ハムニダ体〕　ハシムニダ　하십니다

		原型	尊敬語
規則活用	行く	カダ 가다	カシダ 가시다
	座る	アンタ 앉다	アンジュシダ 앉으시다
	忙しい	パップダ 바쁘다	パップシダ 바쁘시다
	大丈夫だ	クェンチャンタ 괜찮다	クェンチャヌシダ 괜찮으시다
	会う	マンナダ 만나다	マンナシダ 만나시다
	見る	ポダ 보다	ポシダ 보시다
	あげる／もらう	チュダ 주다	チュシダ 주시다

変則活用	住む	살다 サルダ	사시다 サシダ
	分かる	알다 アルダ	아시다 アシダ
	尋ねる	묻다 ムッタ	물으시다 ムルシダ
	美しい	아름답다 アルムダプタ	아름다우시다 アルムダウシダ
	泣く	울다 ウルダ	우시다 ウシダ
	聞く	듣다 トゥッタ	들으시다 トゥルシダ
	歩く	걷다 コッタ	걸으시다 コルシダ
	軽い	가볍다 カビョプタ	가벼우시다 カビョウシダ

COLUMN ｜ 言葉自体が変わる尊敬語

日本語の「食べる」を尊敬語で「召し上がる」と言うように、尊敬語にすると言葉そのものが変わるものもあります。

寝る **자다** チャダ ＞ お休みになる **주무시다** チュムシダ

食べる **먹다** モクタ ＞ 召し上がる **드시다** トゥシダ

いる **있다** イッタ ＞ いらっしゃる **계시다** ケシダ

言う **말하다** マラダ ＞ おっしゃる **말씀하시다** マルッスマシダ

わからなかったら
ページをチェック!

?

Q1 次の文章を되다の意味に注意しながら
日本語に訳しましょう。 P122

1 대학생이 됩니다.　（　　　　　　　　　　）

2 잘 됐습니다.　（　　　　　　　　　　）

3 준비가 됐어요?　（　　　　　　　　　　）

4 앉아도 돼요?　（　　　　　　　　　　）

5 먹으면 안 됩니다.　（　　　　　　　　　　）

Q2 次の語句を使って
現在連体形の形にしましょう。 P126

1 勉強する＝공부하다　人＝사람　（　　　　　　　　）

2 毎日＝매일　見る＝보다　公園＝공원（　　　　　　　　）

3 辛い＝맵다　料理＝요리　（　　　　　　　　）

4 悪い＝나쁘다　男＝남자　（　　　　　　　　）

Q3 次の語句を使って
過去連体形の形にしましょう。 P126

1 もらう＝받다　プレゼント＝선물　（　　　　　　　　）

2 昨日＝어제　来る＝오다　人＝사람　（　　　　　　　　）

3 見る＝보다　映画＝영화　（　　　　　　　　）

Q4 次の語句を使って 未来連体形の形にしましょう。 P127

1 宿泊する＝숙박하다　ホテル＝호텔　（　　　　　　　　）

2 明日＝내일　買う＝사다　服＝옷　（　　　　　　　　）

3 今回＝이번에　読む＝읽다　本＝책　（　　　　　　　　）

Q5 次の動詞を尊敬語の形にして （　　）を埋めましょう。 P128

1 会う　マンナダ 만나다　＞　会われる　（　　　　　　　）

2 行く　カダ 가다　＞　行かれる　（　　　　　　　）

3 忙しい　バップダ 바쁘다　＞　お忙しい　（　　　　　　　）

4 分かる　アルダ 알다　＞　お分かりになる（　　　　　　　）

5 美しい　アルムダプダ 아름답다　＞　お美しい　（　　　　　　　）

6 聞く　トゥッタ 듣다　＞　聞かれる　（　　　　　　　）

答え

Q1 1大学生になります。／2うまくいきました。／3準備ができましたか？／
　　4座ってもいいですか？／5食べてはいけません。
Q2 1공부하는 사람／2매일 보는 공원／3매운 요리／4나쁜 남자
Q3 1받은 선물／2어제 온 사람／3본 영화
Q4 1숙박할 호텔／2내일 살 옷／3이번에 읽을 책
Q5 1만나시다／2가시다／3바쁘시다／4아시다／5아름다우시다／6들으시다

動詞・形容詞の活用まとめ

			現在形 〜です 〜します	過去形 〜でした 〜しました	未来形 〜するつもりです
規則活用	パッチムなし	カダ **가다**	行く	カヨ **가요**	カッソヨ **갔어요**	カゲッソヨ **가겠어요**
		ソダ **서다**	立つ	ソヨ **서요**	ソッソヨ **섰어요**	ソゲッソヨ **서겠어요**
		マンナダ **만나다**	会う	マンナヨ **만나요**	マンナッソヨ **만났어요**	マンナゲッソヨ **만나겠어요**
		ピッサダ **비싸다**	(値段が) 高い	ピッサヨ **비싸요**	ピッサッソヨ **비쌌어요**	ピッサゲッソヨ **비싸겠어요**
	パッチムあり	モクタ **먹다**	食べる	モゴヨ **먹어요**	モゴッソヨ **먹었어요**	モッケッソヨ **먹겠어요**
		イクタ **읽다**	読む	イルゴヨ **읽어요**	イルゴッソヨ **읽었어요**	イルケッソヨ **읽겠어요**
		アンタ **앉다**	座る	アンジャヨ **앉아요**	アンジャッソヨ **앉았어요**	アンケッソヨ **앉겠어요**
		マンタ **많다**	多い	マナヨ **많아요**	マナッソヨ **많았어요**	マンケッソヨ **많겠어요**

使用頻度の高い動詞・形容詞の活用を一覧にしました。
会話で使いやすいヘヨ体の活用を一目でわかりやすく。

希望	可能	不可能	否定
〜したいです	〜できます 〜ありえます	できません 〜ありえません	〜しません 〜ありません
カゴ　シポヨ **가고 싶어요**	カル　ス　イッソヨ **갈 수 있어요**	カル　ス　オプソヨ **갈 수 없어요**	カジ　アナヨ **가지 않아요**
ソゴ　シポヨ **서고 싶어요**	ソル　ス　イッソヨ **설 수 있어요**	ソル　ス　オプソヨ **설 수 없어요**	ソジ　アナヨ **서지 않아요**
マンナゴ　シポヨ **만나고 싶어요**	マンナル　ス　イッソヨ **만날 수 있어요**	マンナル　ス　オプソヨ **만날 수 없어요**	マンナジ　アナヨ **만나지 않아요**
	ピッサル　ス　イッソヨ **비쌀 수 있어요**	ピッサル　ス　オプソヨ **비쌀 수 없어요**	ピッサジ　アナヨ **비싸지 않아요**
モッコ　シポヨ **먹고 싶어요**	モグル　ス　イッソヨ **먹을 수 있어요**	モグル　ス　オプソヨ **먹을 수 없어요**	モクチ　アナヨ **먹지 않아요**
イッコ　シポヨ **읽고 싶어요**	イルグル　ス　イッソヨ **읽을 수 있어요**	イルグル　ス　オプソヨ **읽을 수 없어요**	イクチ　アナヨ **읽지 않아요**
アンコ　シポヨ **앉고 싶어요**	アンジュル　ス　イッソヨ **앉을 수 있어요**	アンジュル　ス　オプソヨ **앉을 수 없어요**	アンチ　アナヨ **앉지 않아요**
	マヌル　ス　イッソヨ **많을 수 있어요**	マヌル　ス　オプソヨ **많을 수 없어요**	マンチ　アナヨ **많지 않아요**

			現在形	過去形	未来形
			~です ~します	~でした ~しました	~するつもりです
規則活用	ㅗ	オダ 오다 来る	ワヨ 와요	ワッソヨ 왔어요	オゲッソヨ 오겠어요
	ㅜ	チュダ 주다 あげる	チュォヨ 줘요	チュォッソヨ 줬어요	チュゲッソヨ 주겠어요
	ㅣ	マシダ 마시다 飲む	マショヨ 마셔요	マショッソヨ 마셨어요	マシゲッソヨ 마시겠어요

			現在形	過去形	未来形
			~です ~します	~でした ~しました	~するつもりです
하다活用	하다	ハダ 하다 する	ヘヨ 해요	ヘッソヨ 했어요	ハゲッソヨ 하겠어요
変則活用	으 変則	ッスダ 쓰다 書く	ッソヨ 써요	ッソッソヨ 썼어요	ッスゲッソヨ 쓰겠어요
	ㄹ 変則	ノルダ 놀다 遊ぶ	ノラヨ 놀아요	ノラッソヨ 놀았어요	ノルゲッソヨ 놀겠어요
	르 変則	プルダ 부르다 呼ぶ	プルロヨ 불러요	プルロッソヨ 불렀어요	プルゲッソヨ 부르겠어요
	ㅂ 変則	メプタ 맵다 からい	メウォヨ 매워요	メウォッソヨ 매웠어요	メプケッソヨ 맵겠어요
	ㅎ 変則	クロッタ 그렇다 そうだ	クレヨ 그래요	クレッソヨ 그랬어요	クロケッソヨ 그렇겠어요
	ㄷ 変則	トゥッタ 듣다 聞く	トゥロヨ 들어요	トゥロッソヨ 들었어요	トゥッケッソヨ 듣겠어요
	ㅅ 変則	ナッタ 낫다 治る	ナアヨ 나아요	ナアッソヨ 나았어요	ナッケッソヨ 낫겠어요

希望	可能	不可能	否定
〜したいです	〜できます 〜ありえます	できません 〜ありえません	〜しません 〜ありません
オゴ シポヨ **오고 싶어요**	オル ス イッソヨ **올 수 있어요**	オル ス オプソヨ **올 수 없어요**	オジ アナヨ **오지 않아요**
チュゴ シポヨ **주고 싶어요**	チュル ス イッソヨ **줄 수 있어요**	チュル ス オプソヨ **줄 수 없어요**	チュジ アナヨ **주지 않아요**
マシゴ シポヨ **마시고 싶어요**	マシル ス イッソヨ **마실 수 있어요**	マシル ス オプソヨ **마실 수 없어요**	マシジ アナヨ **마시지 않아요**

希望	可能	不可能	否定
〜したいです	〜できます 〜ありえます	できません 〜ありえません	〜しません 〜ありません
ハゴ シポヨ **하고 싶어요**	ハル ス イッソヨ **할 수 있어요**	ハル ス オプソヨ **할 수 없어요**	ハジ アナヨ **하지 않아요**
ッスゴ シポヨ **쓰고 싶어요**	ッスル ス イッソヨ **쓸 수 있어요**	ッスル ス オプソヨ **쓸 수 없어요**	ッスジ アナヨ **쓰지 않아요**
ノルゴ シポヨ **놀고 싶어요**	ノル ス イッソヨ **놀 수 있어요**	ノル ス オプソヨ **놀 수 없어요**	ノルジ アナヨ **놀지 않아요**
プルゴ シポヨ **부르고 싶어요**	プルル ス イッソヨ **부를 수 있어요**	プルル ス オプソヨ **부를 수 없어요**	プルジ アナヨ **부르지 않아요**
	メウル ス イッソヨ **매울 수 있어요**	メウル ス オプソヨ **매울 수 없어요**	メプチ アナヨ **맵지 않아요**
	クロル ス イッソヨ **그럴 수 있어요**	クロル ス オプソヨ **그럴 수 없어요**	クロッチ アナヨ **그렇지 않아요**
トゥッコ シポヨ **듣고 싶어요**	トゥルル ス イッソヨ **들을 수 있어요**	トゥルル ス オプソヨ **들을 수 없어요**	トゥッチ アナヨ **듣지 않아요**
ナッコ シポヨ **낫고 싶어요**	ナウル ス イッソヨ **나을 수 있어요**	ナウル ス オプソヨ **나을 수 없어요**	ナッチ アナヨ **낫지 않아요**

SNS・チャット用語

SNSやチャットでよく使われる、略語のあいさつや返事、感情表現などを一覧にしました。一般的な教科書には載っていませんが、知っておくとアイドルがSNSで発信する言葉がより理解できるように！

スラング

ノジェム **노잼**	つまらない
ックルジェム **꿀잼**	面白い
テバク **대박**	やばい、すごい
ッチョンダ **쩐다**	超やばい
エヒュ **에휴**	はぁ（溜息）
ミチョッタ **미쳤다**	いかれてる／すごい
イセンマン **이생망**	人生終わった
オルチャン **얼짱**	顔がかわいい／かっこいい
モムチャン **몸짱**	体のラインがきれい／かっこいい
シムクン **심쿵**	胸キュン
イクシプ **읽씹**	既読無視

チャット用語

クク **ㅋㅋ**	クスクス
フフ **ㅎㅎ**	フフッ
ウウ **ㅜㅜ**	泣き
ウンウン **ㅇㅇ**	うんうん
ノノ **ㄴㄴ**	ノーノー
オケ **ㅇㅋ**	オーケー
スゴ **ㅅㄴ**	おつかれ
チェソン **ㅈㅅ**	ごめん
カムサ **ㄱㅅ**	ありがと
リオル **ㄹㅇ**	マジ？
バイバイ **ㅂㅂ**	バイバイ

PART
06

文章問題

実際の日常会話に触れる！

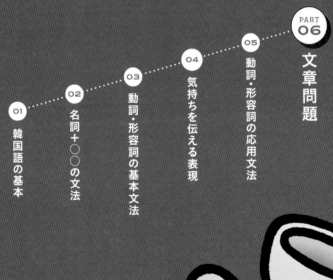

文章問題トレーニング

これまで学んだ文法は、まとまった長い文章や大好きなアイドルのVLIVEやドラマ、バラエティなどの内容を理解するための基礎に。さらに、効率よく理解できるようになるためにはいくつかのコツがあります。

POINT 1

知っている単語を増やす

単語は多く知っていれば知っているほど、内容を理解するための助けになります。 今日は10個、1か月で100個など、できそうな目標を立てるのがおすすめ。あくまで自分のペースで、できたら自分のことをほめてあげながら、楽しく取り組みましょう。
動詞や形容詞の活用が複雑で難しい…と感じる人は、最低限原型だけ覚えておくのもあり。 語幹の意味だけわかっていれば、活用がわからなくてもニュアンスを理解しやすく、何度も触れるうちに活用も身についてきます。

POINT 2

文脈読みをする

長文を読んだり、ドラマやVLIVEを見たりして、知らない単語や表現が出てきても、びっくりしないで。そのまま読んだり聞いたりし続けて、全体で意味を理解しましょう。
そもそも、単語の意味や表現の仕方も、日本語＝韓国語ではないので、1つ1つを厳密に理解することより、**全体としてどんなことを言っているのか理解できることが大事。** また、人は母国語であっても会話の中ですべての単語を明確に聞き取れているわけではないし、同じ言葉でも文脈によって意味が違うこともあります。

まずは全部理解できなくてOK。長い文章や会話に何度も触れて、慣れること
が大切です。

POINT **3**

文章を声に出して読む

文章を読むときは、**一度はざっと最後まで読んで全体の文脈を理解し、その
あと、同じ文章を声に出して読んでみましょう。**すると、一回目では見逃してい
た単語や、読み方があいまいだった部分が明確に。その部分を確認したり、調
べたりすることで印象に残り、韓国語に対する知識がグンと増えて身につきや
すくなります。

POINT **4**

脱・日本語字幕！

ドラマやVLIVE、バラエティ番組などを見るときは、**一部でいいので日本語字
幕をやめて韓国語字幕にし、1フレーズずつ繰り返し聞きましょう。**いきなり
字幕をすべて消してしまうと難しすぎて断念してしまう人も多いので注意。字
幕の文字と耳で聞く発音を確認しながら進め、知らない単語は調べるように
します。これを繰り返すと、韓国語を聞く耳や語彙力がどんどんアップ！　全
動画をやるのはハードルが高いので、好きなアイドルの動画やドラマなどの一
部分でOKです。

次のページからは文章問題を掲載し、そのあとに「あいさつ」や「あいづち」な
ど会話に頻出する知識をまとめています。すぐに問題にトライしたい人は次ペ
ージへ、先に知識をつけたい人はP.148から読んでいきましょう。

文章問題 01 scene ライブに行こう！

Q1
네, 린 (_____).
ネ リン
はい、リンです。

リン（後輩）

サラ（先輩）

여보세요? 지금 괜찮아?
ヨボセヨ チグム クェンチャナ
もしもし？ 今大丈夫？

Q2
어! (_____) 사라언니!
オ サラオンニ
お！ 愛しのサラ姉さん！

リン

サラ

Q3
다음 라이브 (_____) 가자!
タウム ライブ カジャ
次のライブ一緒に行こう！

Q4
진짜요? 가도 돼요 ?
チンッチャヨ
本当ですか？ (_____)？

リン

サラ

Q5
응! 빨리 최애 (_____)
ウン ッパルリ チュェエ

보고 싶어!
ポゴ シポ
うん！ 早く推しに会いたい！

　　に答えを書きましょう。

Q1　ハムニダ体で(　　)に適切な語句を入れましょう。

Q2　사랑하다(愛する)という動詞を使って現在連体形の形にしましょう。

Q3　(　　)にあてはまる単語を選びましょう。
　　A 진짜　B 같이　C 혼자　D 둘이

Q4　下線部を日本語に訳しましょう。

Q5　(　　)にあてはまる適切な語句を入れましょう。

✏ 解説！

答え	A1 입니다
	A2 사랑하는
	A3 B
	A4 行ってもいいですか？
	A5 를

Q4は「許可」の意味で使用する되다のヘヨ体。Q5は「推し【に】会う」ですが、韓国語では「에」ではなく「을 / 를」。また、文中の「여보세요」は日本語の「もしもし」と同じ使い方をします。

サラ

チグム　　　　　　　　　イッソ
지금 (Q1) 있어?

今どこにいる？

リン

ミアナムニダ　　　ヌッチャム　チャッソヨ
미안합니다! 늦잠 잤어요!

ごめんなさい！　寝坊しました！

サラ

アジク　チベ　イッソ
아직 집에 있어!?

(　)家にいるの!?

ライブヌン　　ヨルシ　サムシップン　　　　　　　　　シジャケ
라이브는 10시30분 (Q3) 시작해!

ライブは10時30分から始まるよ！

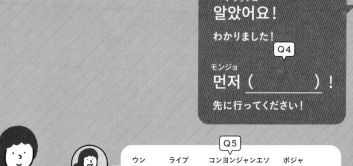

リン

アラッソヨ
알았어요!

わかりました！

モンジョ
먼저 (Q4)!

先に行ってください！

サラ

ウン　　ライブ　　　コンヨンジャンエソ　　ポジャ
응! 라이브 공연장에서 보자.

うん！(　　　　)。

問題   に答えを書きましょう。

Q1 （   ）にあてはまる単語を書きましょう。

Q2 下線部の訳を次の中から選びましょう。

Ⓐなんで　**Ⓑ**まだ　**Ⓒ**もう　**Ⓓ**まじで

Q3 （   ）にあてはまる適切な語句を選びましょう。

Ⓐ부터　**Ⓑ**으로　**Ⓒ**에게　**Ⓓ**까지

Q4 （   ）にあてはまる適切な語句を入れましょう。

Q5 下線部を日本語に訳しましょう。

📝解説！

答え　A1 어디
　　　A2 Ⓑ
　　　A3 Ⓐ
　　　A4 가세요
　　　A5 ライブ会場で会おう

Q3 の選択肢は B「〜で」C「〜に」D「〜まで」。また「寝坊する（늦잠 자다）」は「寝坊（늦잠）を寝る（자다）」という面白い言い方をします。

안녕하세요 린입니다! 린이라고 불러 주세요. ^{Q1}
アンニョンハセヨ リニムニダ リニラゴ ブルロ ジュセヨ
こんにちは！ リンです！ リンと（　　　　　　　　　）。

リン

推し
린 씨는 한국어를 잘하시네요.
リン ッシヌン ハングゴルル チャラシネヨ
リンさんは韓国語がお上手ですね。

아니에요, 아직 잘 （　　　　　）.... ^{Q2}
アニエヨ アジク チャル
いいえ、まだうまく話せません…。

リン

더 연습하겠습니다！
ト ヨンスパゲッスムニダ
もっと練習します！

推し
저 （　　　　　）일본어를 공부하겠습니다！ ^{Q3} ^{Q4}
チョ イルボノルル コンブハゲッスムニダ
僕も日本語を（　　　　　）！

열심히 합시다！
ヨルシミ ハプシダ
頑張りましょう！

リン

推し
고마워요. 그러면 또 （　　　　）！ ^{Q5}
コマウォヨ クロミョン ット
ありがとうございます。それではまた会いましょう！

問題 ＿＿＿＿に答えを書きましょう。

Q1 下線部を日本語に訳しましょう。

Q2 못-を使って、「話せません」にあたる韓国語をヘヨ体で書きましょう。
【ヒント】話す＝말하다

Q3 （　　）にあてはまる適切な語句を選びましょう。
Ⓐ와　　**Ⓑ**의　　**Ⓒ**도　　**Ⓓ**는

Q4 下線部を日本語に訳しましょう。

Q5 （　　）にあてはまる適切な語句を選びましょう。
Ⓐ만났습니다　　　　**Ⓑ**만납시다
Ⓒ만나고 있어요　　**Ⓓ**만나겠어요

✎ 解説！

答え　A1　呼んでください
　　　A2　말 못해요
　　　A3　Ⓒ
　　　A4　勉強するつもりです／勉強します
　　　A5　Ⓑ

文中の「연습하겠습니다！」は「一生懸命（熱心に）する（하다）」を活用したもの。また、「잘하시네요」は「잘하다（上手だ）」＋尊敬語「- 시」＋「- 네요（〜ですね）」を組み合わせた表現です。

文章問題 04

scene 推しのSNS

推し

イルボン チュェゴダ
일본, 최고다!

日本、最高だ！

リン

Q1

サラオンニ エスエネス
사라언니! SNS (　　　　　)?

サラ姉さん！　SNS見ましたか？

Q2　　**Q3**

オッパガ ユウォンジ ノルゴ イッソヨ
○○오빠가 유원지 (　　　　) 놀고 있어요!

○○オッパが遊園地で（　　　　　）！

サラ

Q4

パッソ イゴ オサカ アニヤ
봤어! 이거 오사카 아니야?

見た！　これ大阪（　　　　　）？

リン

Q5

ポゴ シポヨ
(　　　　　) 보고 싶어요~

めっちゃ会いたいです〜

サラ

ナド
나도....

私も...

SNS

146

に答えを書きましょう。

Q1 ヘヨ体で(　　)に適切な語句を入れましょう。

Q2 (　　)にあてはまる適切な語句を選びましょう。
A한테　**B**에게　**C**으로　**D**에서

Q3 下線部を日本語に訳しましょう。

Q4 下線部を日本語に訳しましょう。

Q5 (　　)にあてはまる適切な語句を選びましょう。
A엄청　**B**함께　**C**왜　**D**다시

> ✍ 解説！

答え	A1	봤어요
	A2	**D**
	A3	遊んでいます
	A4	じゃない
	A5	**A**

Q3の「遊ぶ」の原型は「놀다」。Q4の「아니야」は「아니에요」や「아닙니다」よりくだけたパンマルの表現です。文中の「최고다」はSNS上のつぶやきなので形容詞の原型（ハンダ体）が使われています。

接続詞

文と文をつなげる役割を持つ接続詞。ややカジュアルなニュアンスになる縮約形も一緒に覚えると便利です。

順接	_{クロミョン} 그러면	それでは
	_{クロム} 그럼 ※그러면の縮約形	それでは、じゃあ
	_{クレソ} 그래서	それで、だから
逆接	_{クロンデ} 그런데	ところで、でも
	_{クンデ} 근데 ※그런데の縮約形	ところで、でも、だって
	_{クロチマン} 그렇지만	しかし、だけど
	_{ハジマン} 하지만	しかし
並列	_{ミッ} 및	および
	_{ットハン} 또한	また、なお
添加	_{クリゴ} 그리고	そして、それから
対比	_{ットヌン} 또는	または
	_{アニミョン} 아니면	それとも
説明	_{キョルグク} 결국	結局
	_{ウェニャハミョン} 왜냐하면	なぜなら
	_{ウェニャミョン} 왜냐면 ※왜냐하면の縮約形	なぜなら、だって

あいさつ

日常会話で使うあいさつフレーズです。シーンによって丁寧な表現とカジュアルな表現を使い分けましょう。アイドルの生配信やSNSへのコメントにも！

アンニョンハセヨ **안녕하세요**	おはようございます、こんにちは、こんばんは
アンニョン **안녕!**	おはよう、こんにちは、こんばんは、さようなら
チョウム プェプケッスムニダ **처음 뵙겠습니다**	はじめまして
オレガンマニエヨ **오래간만이에요**	お久しぶりです
チャル チネセヨ? **잘 지내세요?**	お元気ですか？
ポゴ シポッソヨ **보고 싶었어요**	会いたかったです
カムサハムニダ **감사합니다**	ありがとうございます
コマウォ **고마워**	ありがとう
チュェソンハムニダ **죄송합니다**	申し訳ありません
ミアナムニダ **미안합니다**	ごめんなさい
ミアネ **미안해**	ごめん
アンニョンヒ ガセヨ **안녕히 가세요**	さようなら（立ち去る人に向かって）
アンニョンヒ ゲセヨ **안녕히 계세요**	さようなら（残る人に向かって）
ット マンナヨ **또 만나요**	また会いましょう
マンナソ パンガプスムニダ **만나서 반갑습니다**	お会いできてうれしいです
チャル モッケッスムニダ **잘 먹겠습니다**	いただきます
チャル モゴッスムニダ **잘 먹었습니다**	ごちそうさまでした
チャル ジャ **잘 자**	おやすみ

あいづち

自然に使うとぐっとこなれた印象になるあいづちフレーズです。まずはこういう短い単語から聞き取る練習をするとよいでしょう。

イェ **예**	はい ※最も丁寧な形		**ネ** **네**	はい ※丁寧な形
ウン **응**	うん		**アニヨ** **아니요**	いいえ ※丁寧な形
アニヤ **아니야**	いいえ、違うよ		**クレヨ** **그래요**	そうです
マジャヨ **맞아요**	その通りです		**チョアヨ** **좋아요**	いいですね
アラヨ **알아요**	わかります		**クロムニョ** **그럼요**	もちろんです
テダネヨ **대단해요**	すごいです		**チョドヨ** **저도요**	私もです
チョンマル? **정말?**	本当?		**チンッチャ?** **진짜?**	マジ?
ソルマ **설마**	まさか		**ホル** **헐**	え?
ムォヤ? **뭐야?**	なに?		**オ…** **어…**	えーっと…
オットカジョ **어떡하죠**	どうしましょう		**オットケ** **어떡해**	どうしよう
ムォラゴ? **뭐라고?**	何だって?		**ノムヘ** **너무해**	ひどい
テバク **대박**	やばい		**マルド アン ドゥェ** **말도 안 돼!**	ありえない!

呼称

よく使う呼称をまとめました。오빠(オッパ)や언니(オンニ)などはK-POPシーンでもよく使われています。

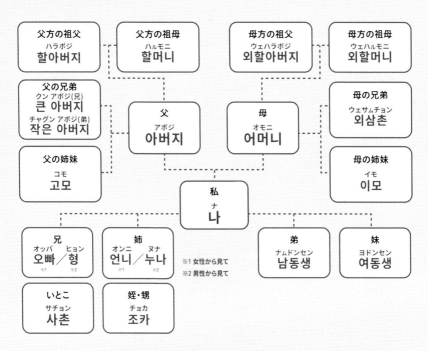

父方の祖父　ハラボジ　할아버지
父方の祖母　ハルモニ　할머니
母方の祖父　ウェハラボジ　외할아버지
母方の祖母　ウェハルモニ　외할머니

父の兄弟　クン アボジ(兄)　큰 아버지　チャグン アボジ(弟)　작은 아버지
父　アボジ　아버지
母　オモニ　어머니
母の兄弟　ウェサムチョン　외삼촌

父の姉妹　コモ　고모
母の姉妹　イモ　이모

私　ナ　나

兄　オッパ　오빠／ヒョン　형　※1　※2
姉　オンニ　언니／ヌナ　누나　※1　※2
※1 女性から見て
※2 男性から見て
弟　ナムドンセン　남동생
妹　ヨドンセン　여동생

いとこ　サチョン　사촌
姪・甥　チョカ　조카

●名前や役職などで呼ぶ場合

普段の会話では、相手との関係性以外にも名前や役職などで呼ぶのが一般的です。名前にはよく씨＝「さん」をつけて呼びますが、苗字だけに씨をつけるのは失礼に当たるので絶対にNG。必ずフルネームか、下の名前につけます。

例　フルネームか下の名前に씨をつける

シン ミナ ッシ　신 민아 씨　シン・ミナさん
ソンホ ッシ　성호 씨　ソンホさん

役職で呼ぶ　ソンセンニム　선생님　先生　サジャンニム　사장님　社長

MEMO

K-POP・アイドル好きのための
すぐわかる
はじめての韓国語

2021年12月24日　初版発行

著者　ソンホ
監修　韓　興鉄
発行者　青柳昌行
発行　株式会社KADOKAWA
　　　〒102-8177　東京都千代田区富士見2-13-3
　　　電話 0570-002-301 (ナビダイヤル)
印刷所　株式会社暁印刷

お問い合わせ
https://www.kadokawa.co.jp/ (「お問い合わせ」へお進みください)
※内容によっては、お答えできない場合があります。
※サポートは日本国内のみとさせていただきます。
※Japanese text only

定価はカバーに表示してあります。